ANALYSE
DES PROCÈS-VERBAUX
DE L'EXPÉRIENCE
FAITE PAR ORDRE DU ROI,
À L'HÔPITAL MILITAIRE DE LILLE,
POUR CONSTATER
L'EFFICACITÉ DE L'EAU DE SALUBRITÉ,
Pour la guérison des Maladies Vénériennes.

A PARIS,
DE L'IMPRIMERIE ROYALE.

M. DCCLXXVII.

AVERTISSEMENT.

SA MAJESTÉ, d'après les expériences faites par les Officiers de Santé de l'Hôpital militaire de Lille, & les deux Commiffaires qu'Elle avoit envoyés pour conftater l'efficacité de l'Eau de Salubrité pour la guérifon des maladies Vénériennes, a bien voulu permettre que cette Analyfe, & les Remarques & Obfervations dont elle eft précédée, ainfi que les Notes dont elle eft accompagnée, fuffent imprimées à fon Imprimerie royale, pour fervir d'inftruction aux Officiers de Santé des Hôpitaux militaires, aux Chirurgiens-majors des Régimens, & à toutes les perfonnes qui, s'occupant de l'art de guérir, voudront faire ufage de ce remède.

L'EAU DE SALUBRITÉ fe trouve à Paris, chez le Sieur DE MARBECK, *rue Chriftine*, la feconde porte cochère à droite en entrant par la rue Dauphine.

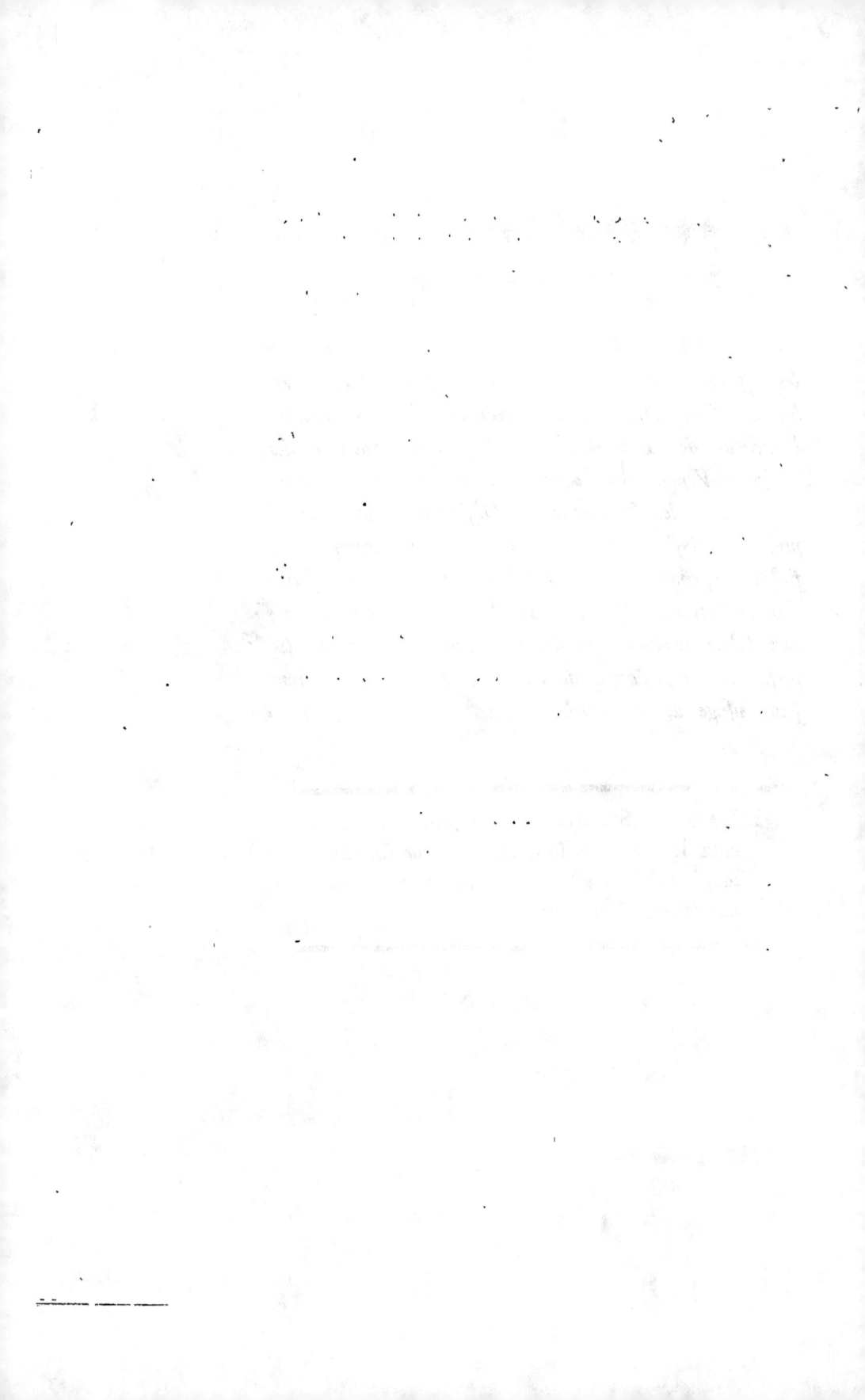

INDICATION

Des Objets contenus dans cette ANALYSE, & des Symptômes qui caractérifoient les maladies dont elle conftate la guérifon.

SYMPTÔMES.

REMARQUES

REMARQUES

SUR LES EFFETS

DE L'EAU DE SALUBRITÉ.

E remède eft fudorifique. Son principal effet eft d'augmenter la tranfpiration infenfible, de provoquer la fueur & de chaffer par cette voie le virus vénérien.

On ne fauroit avoir trop d'attention pour que les malades, pendant le traitement (fur-tout fi c'eft pendant l'hiver) ne foient pas expofés à un air trop froid ni trop humide, afin que la tranfpiration ne foit point interceptée, que les humeurs alkalefcentes, qui font chaffées du corps par l'effet du remède, ne foient pas répercutées: il pourroit en réfulter des accidens fans nombre ; entr'autres, des enflures à toutes les articulations, des fluxions de poitrine, des crachemens de fang, des coliques, des hémorragies, des fièvres, &c. &c.

Les malades, dans le temps froid, fe tiendront donc

A

dans une chambre échauffée par un poële, & jamais par des feux de cheminée, qui ne valent rien, en ce qu'ils déterminent toujours un courant d'air froid qui frappe la moitié du corps de ceux qui se chauffent près des cheminées, tandis que l'autre partie du corps est exposée à l'action de l'air chaud; d'où il résulte de très‑grands inconvéniens. Enfin on aura soin de renouveler l'air, & de répandre dans la chambre un peu de vinaigre, comme on le dira ci‑après.

Le temps le moins favorable pour faire usage du remède, est, sans contredit, l'hiver : le plus propice, est le printemps, l'été & l'automne, parce que, dans ces saisons, toutes les humeurs sont en mouvement par le travail général de la Nature.

Les parties du virus, qui étoient tranquilles & stagnantes aux extrémités des membres pendant l'hiver, sont portées par le mouvement fermentatif que la Nature produit toujours au printemps & à l'équinoxe d'automne, dans le torrent des liqueurs animales qui circulent alors avec plus de vivacité. Les végétaux suivent les mêmes loix. La fève, tranquille pendant l'hiver, se met en mouvement au printemps & en automne : ce sont donc les deux époques marquées par la Nature pour détruire le virus vénérien; c'est attaquer l'ennemi lorsqu'il sort de ses retranchemens. Il suit de‑là que la plupart des cures entreprises pendant l'hiver, ne sont souvent que palliatives, à moins que l'on ne prenne les précautions dont on a déjà

parlé, & qui feront encore plus précifément indiquées. Le
gros du virus qui fe trouvera dans les plus gros vaiffeaux,
fera bien détruit ; mais celui qui fera logé dans les petits
vaiffeaux lymphatiques , placés loin des grands courans
de la circulation, y reftera tranquille jufqu'au printemps,
& rentrera dans la maffe des humeurs par le mouvement
général. Ce fera un levain vénérien qui ne manquera pas,
avec le temps, de faire des progrès en fuivant les loix de
la fermentation : il changera en fa propre nature les liqueurs
avec lefquelles il fera mêlé ; telle que la levure de bière,
en très-petite quantité, donne un caractère d'acidité à
une très-grande maffe de pâte avec laquelle on la joint :
d'où il fuit que les fpécifiques les plus décidés, peuvent
être regardés par l'ignorance ou la mauvaife foi, comme
de fimples palliatifs, pour n'avoir pas été employés dans
un temps convenable, ou pour n'avoir pas été continués
affez long-temps, ou faute d'avoir pris les précautions
néceffaires *(a)*.

Pour faire l'application de ces principes généraux au cas
dont il s'agit actuellement, où l'on fe propofe de guérir les

---

(a) En effet, tout remède qui fait difparoître les fymptômes d'une
maladie pour laquelle il eft approprié, ne peut pas être regardé comme
palliatif : car l'effet ne peut pas diminuer fans que la caufe ne foit affoiblie ;
& fi elle eft affoiblie, le remède agit donc fur elle. Alors il ne faut,
pour la détruire entièrement, que continuer plus long-temps ou augmenter
la dofe ; & c'eft ce qu'on nomme en Mécanique, *proportionner la force à
la réfiftance.*

Soldats de la vérole dans le moins de temps possible, il faut rappeler ces mêmes principes, pour en déduire des théorèmes qui puissent, dans le traitement des maladies vénériennes, servir de guide aux gens de l'art ou à toute autre personne un peu intelligente.

1.° Le remède est sudorifique. Tout ce qui peut contribuer à augmenter la transpiration insensible, doit être employé pour seconder l'effet du remède. Les moyens les plus efficaces & les plus simples, sont les bains, la température chaude de la chambre & les boissons appropriées.

2.° Pendant l'hiver, dans le commencement du printemps & à la fin de l'automne, quand ces saisons sont froides & pluvieuses, il y a une partie des humeurs ou liqueurs animales qui est presque dans un état stagnant & dans l'inertie; toutes les liqueurs, dans le règne animal, ainsi que dans le règne végétal, ne sont en plein mouvement qu'au milieu du printemps: & lorsqu'on a des traitemens à faire avant ou après le temps favorable, il faut aider la Nature en l'imitant, & que l'art fasse sur le règne animal ce qu'il opère sur le végétal; lorsque pendant l'hiver & malgré les frimats, pour faire produire à des arbres des fleurs & des fruits, on force la sève à se mettre en mouvement; pour cela on employe la chaleur artificielle & l'humidité; donc, pour produire les mêmes effets sur les liqueurs animales, il faut employer les bains, la boisson, & la chaleur portée à un dégré déterminé par le moyen des poëles.

Ce dégré doit être depuis 15 jusqu'au 17.° du thermomètre

de M. de Réaumur ; mais à cette température, les émanations animales font confidérables, & l'on fait combien elles font dangereufes, puifqu'un petit animal (un ferin) ne peut pas vivre plus de vingt minutes dans un pied cube d'air, qu'il infecte bientôt de fes propres émanations.

Il faut donc avoir foin de renouveler l'air de temps à autre dans la chambre des malades, & y faire évaporer des fubftances qui empêchent la putridité phlogiftiquée des émanations animales.

Le vinaigre remplit parfaitement cet objet ; donc il faut arrofer au moins trois ou quatre fois le jour la chambre des malades avec du vinaigre fimple *(b)* : on peut auffi en mettre dans des plats de terre, que l'on pofe fur le poële, & que la chaleur fait évaporer.

Il ne faut abfolument employer dans le traitement de la vérole, par l'eau de falubrité, aucuns remèdes alkalins ; l'antimoine fur-tout, nommé *diaphorétique*, doit être exclus exactement, il ne convient point avec l'eau de falubrité.

Les médecines purgatives doivent être les plus fimples poffibles, toujours tirées du règne végétal & minéral ; c'eft-à-dire, minéral par les fels : le jalap & le fel de Glauber doivent avoir la préférence.

S'il s'agit de faire vomir, il faut employer l'ipécacuanha de préférence au tartre ftibié ou émétique.

_____

(b) Une pinte de vinaigre fuffit, par jour, pour arrofer une chambre qui peut contenir quarante ou cinquante malades.

Il faut éviter les demi-médecines, telles que la mode en a introduit l'usage depuis quelque temps ; c'est-à-dire, l'émétique ou l'ipécacuanha en petite dose : car si les gens de l'art raisonnoient sur les principes des drogues qu'ils employent, & sur leur manière d'agir, ils sauroient que les vomitifs & les purgatifs ne font tels que par leurs propriétés âcres ou caustiques qui, en agissant sur les intestins ou sur l'estomac, les pincent & les crispent, ce qui produit un rétrécissement dans les canaux ; alors la matière qu'ils contiennent est obligée de fluer & de sortir. L'effet est donc purement mécanique, mais la cause est chimique ; car les substances âcres, corrosives & brûlantes décomposent les chairs, en s'unissant, par les loix de l'affinité, à un ou plusieurs de leurs principes constituans (c): d'où il suit qu'une médecine qui fait beaucoup de bien en évacuant & facilitant la sortie des matières peccantes, avec lesquelles elle sort elle-même, devient un principe de maladie lorsqu'on la prend en petite dose, puisqu'elle porte dans les humeurs un principe destructeur. Il n'en est pas de même des remèdes antiseptiques bien reconnus tels, parce qu'en petite dose ils s'identifient avec ces mêmes humeurs, les préservent de l'alkalescence & de la putréfaction, & les conservent dans leur intégrité.

_____

(c) C'est ainsi que les sels alkalis, la lessive des savonniers, & même la chaux vive, détruisent toutes les matières animales, en s'unissant à l'acide phosphorique, qui est regardé comme un des principes constituans des chairs.

Les tifanes qui feront employées dans les traitemens des maladies vénériennes par l'eau de falubrité, doivent être les plus fimples poffibles, fur-tout nutritives & calmantes, afin de conferver les forces du Soldat, adoucir les inteftins & corriger le vice alkalefcent des humeurs. La mie de pain bouillie dans de l'eau acidulée avec du vinaigre ou du jus de citron, & édulcorée avec du fucre ou du miel, remplit parfaitement ces objets.

S'il s'agit de déterminer la tranfpiration, fur-tout dans les premiers jours lorfqu'il n'y a pas de fymptômes inflammatoires, comme des phimofis, paraphimofis, bubons enflammés, chaudepiffe cordée & tombée dans les bourfes, on emploie la décoction d'écorce & de bois de buis, comme on l'indiquera dans la formule des préparations.

On mettra les malades, autant qu'il fera poffible, au régime purement végétal; c'eft-à-dire, qu'on les nourrira avec des foupes à l'ofeille, aux pois, aux féves, haricots, riz, orge, gruau, pommes de terre, pâtes cuites avec du lait, à l'eau, au beurre ou à l'huile, fuivant le prix de ces denrées qui ne doivent pas être trop chères. Ces malades mangeront fans danger des fruits, des falades fimples fans fourniture; c'eft-à-dire, fans les herbes fortes, telles que le baume, le perfil, le cerfeuil, &c. qu'on a coutume d'y mêler.

Ils doivent éviter le poiffon, le fromage, les oignons, les ails, le creffon, les afperges, l'eftragon, le baume, le bécabunga, la fumeterre, & toutes les plantes âcres qui ont une odeur forte, dont la plus grande partie eſt de la claſſe qu'on nomme *crucifères*.

Mais ſi la néceſſité contraint de nourrir les Soldats avec de la viande, il faut la faire bien cuire, & y mettre toujours du ſel & du vinaigre. Le remède n'en agira pas moins, l'effet en ſera ſeulement un peu moins prompt: il faut éviter l'uſage de toutes les liqueurs fortes, telles que l'eau-de-vie, la bière, le cidre, les liqueurs ſpiritueuſes & le vin pur.

A l'égard de l'adminiſtration du remède, ainſi que de tous ceux qui ſont deſtinés à paſſer promptement dans les fluides animaux par la voie de la circulation, il faut néceſſairement le faire prendre après le repas, c'eſt-à-dire, immédiatement après le diner & après le ſouper, parce qu'en ſe mêlant avec les alimens, il eſt emporté plus promptement par les ſucs produits par la digeſtion dans la maſſe des liqueurs avec leſquelles il circulera, & par ce moyen il parviendra plutôt aux extrémités.

On peut auſſi, ſuivant les cas, en faire prendre une troiſième doſe en lavement, ce qui produit toujours un bon effet ſur-tout quand les ſymptômes ſont dans la région baſſe du corps; tels que les poulains, les rhagades, les phimoſis, les paraphimoſis, les condylomes, les crêtes-de-coq, les chancres dans les parties de la génération, les porreaux à l'anus, &c.

Au reſte, c'eſt à la prudence & à l'intelligence des Médecins & Chirurgiens, de pouſſer ou de ſuſpendre, &
de

de modifier le remède suivant les cas non prévus; c'est un courfier vigoureux, mais docile fous la main d'un Écuyer habile qui fait le diriger, mais qui peut-être fe révolteroit & deviendroit mauvais entre les mains d'un ignorant qui ne fauroit pas le conduire, & qui voudroit en abufer.

Cependant malgré l'abus qu'on pourroit en faire, il n'eft guère poffible, fans une ineptie particulière, ou une mauvaife volonté décidée, de ne pas s'en fervir avantageufement; car s'il arrivoit des accidens non prévus, tels qu'un ptyalifme trop abondant, des coliques accidentelles, des fièvres, &c. ce que l'on n'a pas encore obfervé, il n'y auroit qu'à fufpendre le remède pendant un jour ou deux, & même davantage fuivant les cas, en continuant toujours l'ufage des tifanes.

Il faut remarquer des particularités qui caractérifent le remède dont il s'agit.

1.º C'eft que les malades qui en font ufage, éprouvent prefque tous une éruption milliaire plus ou moins grande, fuivant l'intenfité du virus.

2.º Que fouvent après quelques jours de traitement, il paroît de nouveaux fymptômes qui n'exiftoient pas auparavant, & qu'enfin les douleurs & autres fymptômes acquièrent plus d'activité; ce qui eft toujours un bon figne, car le mal diminue enfuite avec beaucoup de célérité. Il eft arrivé fouvent que l'apparition des nouveaux fymptômes

B

a effrayé les malades & les gens peu inftruits qui les traitoient, mais la fuite les a raffurés.

Les malades n'obferveront aucune diète; ils mangeront (fuivant leur appétit, qui fe trouve ordinairement augmenté par l'effet du remède) les alimens qui leur font prefcrits; & moyennant les tifanes nutritives & la régularité de leurs repas, non-feulement ils ne feront pas exténués, mais ils fortiront vigoureux, frais, gaillards, fans aucune convalef-cence quelconque & avec plus d'embonpoint que lorfqu'ils font entrés à l'hôpital. Il faut feulement avoir l'attention de faire continuer l'ufage du remède long-temps après la difparition des fymptômes, parce que fi l'on ceffoit trop tôt, la cure ne feroit pas complète, & le mal reparoîtroit avec le temps. C'eft donc à la prudence des gens de l'art & à celle des malades qui fe traitent eux-mêmes, à juger du temps où l'on peut difcontinuer fans rifques: on peut pofer pour règle générale, qu'il faut prendre du remède autant de temps après la difparition des fymptômes, qu'avant leur guérifon. On ne court aucuns rifques d'en prendre long-temps, & il y auroit du danger à n'en pas prendre affez, car l'efficacité des meilleurs remèdes dépend de leur jufte dofe; c'eft les rendre inutiles que de la diminuer. Une médecine purgative, prife en trop petite dofe, ne feroit aucun effet; il en feroit de même de l'eau de falubrité, mais l'on ne peut rien fixer fur la quantité qu'on doit en prendre: cela dépend de l'ancienneté du mal, de fon intenfité & du tempérament du malade. Ce remède eft d'autant moins embarraffant, qu'il n'exige plus aucun régime dès que les fymptômes ont difparu, alors il ne s'agit plus que d'en prendre après fes repas.

L'Analyfe ci-jointe des procès-verbaux de l'expérience faite par ordre du Roi à l'hôpital militaire de Lille, pour conftater l'efficacité de l'eau de falubrité, peut fervir de règle pour les traitemens. C'eft joindre l'exemple aux préceptes ; ce qui eft la meilleure manière d'enfeigner les êtres intelligens & dociles : quant à ceux qui ne le font pas, ce n'eft pas pour eux qu'on écrit. On pourra confulter cette Analyfe pour voir les effets & les progrès du remède, la manière dont on l'a adminiftré, & enfin celle dont tous les malades ont été traités & guéris.

Ce remède agit fi doucement lorfqu'il eft bien adminiftré, que les femmes groffes, les enfans & les gens attaqués de la poitrine, peuvent en faire ufage. On voit dans les procès-verbaux de Lille, que deux Soldats, fous les *numéros 5 & 19*, l'un ayant une oppreffion de poitrine & l'autre un crachement de fang, ont été guéris de leurs maux de poitrine en même temps que des affections vénériennes.

Après avoir parlé en général des principes fur lefquels il falloit fe conduire pour traiter les maladies vénériennes par l'eau de falubrité, il refte à parler de la manière d'adminiftrer ce remède ; mais on le fera très-fuccinctement, parce que l'on pourra confulter l'Analyfe dont on vient de parler, qui éclairera mieux que toutes les méthodes qu'on pourroit prefcrire , parce que l'exemple eft toujours plus démonftratif que le précepte.

MANIÈRE d'adminiſtrer l'Eau antivénérienne, dite Eau de ſalubrité.

LA méthode eft des plus fimples. Il ne faut aucune préparation intérieure préliminaire , & fur-tout il faut éviter la faignée , qui retarderoit la guérifon de quinze jours ou trois femaines *(a)*. C'eft un effet de l'empire de la routine, de faire faigner les malades dans toutes les maladies cutanées dont la vérole eft du nombre; parce que fuivant une loi de l'Hydroftatique *(b)* , fi on vient à faigner le malade lorfque le principe morbifique eft dans la lymphe, il paffe fur le champ dans le fang, d'où il eft enfuite très-difficile de le déplacer ; ce qui a été bien démontré dans les traitemens que l'on a faits à l'hôpital militaire de Lille, où conftamment tous les malades qui ont été faignés avant de prendre le remède, ont été beaucoup plus long-temps à guérir que ceux qui ne l'ont pas été, quoique les fymptômes fuffent les mêmes.

(a) Voyez le procès-verbal de Lille.

(b) [Une loi de l'Hydroftatique]. Toutes les liqueurs contenues dans des canaux quelconques , qui ont communication entr'eux , cherchent toujours le niveau & à fe mettre en équilibre avec elles-mêmes. DÉMONSTRATION. *a, b,* font deux tubes perpendiculaires au tube horizontal *C*, qui communique avec *a,* & *b* en *e, e;* fi l'on

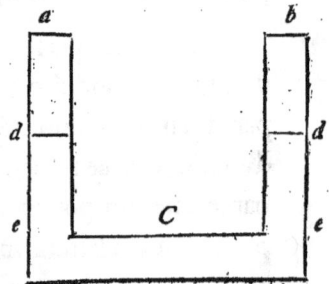

§. I.ᵉʳ Il ne faut pour toute préparation que faire baigner le malade la veille, ou le même jour qu'il commencera l'ufage de l'eau de falubrité , & cela pour décraffer la peau , défobftruer les pores , & faciliter la tranfpiration infenfible, qui fera augmentée par les effets du remède.

§. II. Si c'eft en hiver, ou dans les demi-faifons pluvieufes & froides , il faut entretenir la chaleur dans la falle de l'hôpital , depuis quinze jufqu'à dix-fept degrés du thermomètre de Réaumur.

§. III. Dans une falle pouvant tenir quarante ou cinquante malades, un poële allumé nuit & jour fuffit pour entretenir la chaleur au degré convenable.

§. IV. Quand la faifon s'eft adoucie, & que la chaleur de l'atmofphère commence à fe faire fentir , le traitement devient moins minutieux & plus facile , les malades peuvent prendre l'air, fe promener & vaquer à leurs affaires, ayant

verfe une liqueur quelconque dans le tube *a*, auffitôt la liqueur montera dans le tube *b*, précifément à la même hauteur où elle fera dans le tube *a*, & formera la ligne de niveau *d, d*. Si l'on vide *b*, la liqueur defcendra dans le tube *a*, & fe mettra de niveau avec *b*. APPLICATION. En faignant le malade on diminue le volume du fang ; alors la liqueur contenue dans les vaiffeaux lymphatiques remplacera néceffairement le fang , & y portera le virus dont elle fera imprégnée , qui fera enfuite d'autant plus difficile à déloger, qu'il fera plus éloigné de la furface extérieure du corps. Il eft donc contre la faine théorie de faigner pour préparer les malades vénériens. L'expérience a démontré, d'une manière tranfcendante, la vérité de cette théorie. Si l'on confulte les procès-verbaux de Lille, on verra que tous les malades qui avoient été faignés fuivant l'ufage, dans les préparations préliminaires , ont été beaucoup plus long-temps à fe guérir, que ceux qui ne l'ont pas été, quoique les fymptômes ne paruffent pas annoncer une vérole auffi bien caractérifée que chez les autres.

attention feulement d'éviter le ferein & l'humidité fur-tout aux pieds , pendant les temps de pluie & d'orage , & après le foleil couché. Mais fi la néceffité les obligeoit de fortir, ils fe couvriroient un peu davantage, quand ce ne feroit que d'une chemife de plus.

R É G I M E.

§. V. Les malades doivent être mis , autant qu'il eft poffible , au régime végétal, c'eft-à-dire nourris avec des légumes & des végétaux de toute efpèce, excepté quelques-uns qu'on défignera.

§. V I. Ils mangeront des lentilles , des haricots , des féves, du riz, du gruau, de l'orge , des pâtes de toutes efpèces, des pommes de terre accommodées fimplement au beurre frais ou à l'huile, mais toujours avec du vinaigre.

§. VII. On comprend dans le régime le lait, les plantes potagères & les herbages de toutes efpèces, excepté ceux qu'on défignera.

§. VIII. Les légumes les plus fimples de chaque pays, & l'accommodage le plus commun & le moins difpendieux, font les meilleurs.

§. I X. Les fruits de toutes efpèces fans exception, cuits ou cruds, font excellens ; les falades fimples , fans fourniture & affaifonnées avec le vinaigre ordinaire, le fel, l'huile ou le beurre, ne font pas contraires.

§. X. Les alimens qu'il faut éviter, & qui feroient même dangereux avec l'eau de falubrité, font le poiffon de toute efpèce, foit de mer, foit d'eau douce, les œufs durs, la viande trop faite & qui tend à la putréfaction, comme le gibier qui a du fumet.

§. XI. Même les végétaux qui fe pourriffent aifément, & qui dans l'état de putréfaction, rendent une odeur fétide.

§. XII. Toutes les plantes âcres font donc exclues du régime, telles que le baume, l'eftragon, le céleri, les ails, les ciboules, les oignons, & fur-tout les afperges, qui font d'autant plus dangereufes dans les maladies vénériennes, principalement dans les gonorrhées, qu'elles putréfient les urines ; ce qui augmente l'inflammation : enfin tous les végétaux de la famille des crucifères font contraires au traitement, tels que le creffon, le bécabunga, la fumeterre, les petites raves, tous les raphanus ou raiforts, la moutardelle, la moutarde, les choux de toutes efpèces & les navets; mais ces deux derniers végétaux peuvent fe manger fans rifque, avec beaucoup de vinaigre dans leur affaifonnement.

§. XIII. La foupe du Soldat fe fera avec de l'ofeille, des féves, du riz, des lentilles, des pois, des haricots, des racines, &c. à leur choix, qu'on fera cuire avec de l'eau, du fel & du beurre, ou même de l'huile, dans les pays où cette fubftance fera plus commune & moins chère que le beurre.

§. XIV. La boiffon ordinaire pour tous les malades vénériens fera la fimple limonade ou l'oximel, *n.°* 2. Et pour ceux qui font attaqués de gonorrhées, on ajoutera un gros de fel de nitre par pinte d'oximel ou de limonade.

§. XV. Outre la boiffon ci-deffus, on donnera à ceux qui feront fortement attaqués de véroles rebelles & anciennes, & qui auront des fymptômes graves, comme des lèpres &

des dartres vénériennes, trois verres par jour d'une simple décoction de bois de buis *n.° 4.*

§. XVI. Les malades qui auront bon appétit mangeront leur portion en légume, & on leur permettra à leur repas la portion ordinaire de vin qui est d'usage dans les hôpitaux militaires, qu'ils mêleront avec de l'eau.

§. XVII. Si les circonstances ne permettoient pas d'observer le régime végétal strictement, & qu'on fût obligé de manger de la viande, on n'en guériroit pas moins, mais le traitement seroit un peu plus long ; il faudra dans ce cas choisir de préférence la viande de boucherie, & ne la manger que bien cuite & assaisonnée avec le vinaigre : celle qui est sanguinolente est très-mal saine avec le remède. Le régime gras est moins mal sain pendant l'hiver que pendant les chaleurs de l'été,

TRAITEMENT.

§. XVIII. On commencera par faire baigner les malades quand la chose sera possible, pour décrasser la peau, désobstruer les pores & faciliter les effets du remède, qui est, comme on l'a dit, sudorifique, & qui agit par la transpiration.

Dans tous les cas inflammatoires il faut faire usage des bains, où le malade demeurera plusieurs heures pour éviter d'en venir à la saignée, par la raison qu'on a expliquée.

§. XIX. La dose du remède est depuis deux gros par jour jusqu'à douze & même seize. On l'administre dès le premier jour aux tempéramens ordinaires, à la dose d'une demi-once chaque fois dans un verre de tisane *n.° 1.er*,

immédiatement

immédiatement après le diner & après le souper, par les raisons ci-devant expliquées.

§. XX. On peut en donner jusqu'à trois & quatre fois par jour à la même dose, suivant les dégrés du mal & la différence des tempéramens des malades ; mais il faut rarement aller jusqu'à quatre fois, car alors ce remède deviendroit purgatif, & ne feroit plus d'autre effet.

§. XXI. Si les symptômes étoient graves, & que la vérole fût très-ancienne, on pourroit en administrer une dose de plus dans un lavement. Cette manière est très-efficace quand il y a des symptômes dans la région basse du corps.

§. XXII. Le lavement doit être composé d'eau simple, dans laquelle on mettra une cuillerée de vinaigre, & quatre gros d'eau de salubrité.

§. XXIII. Dans le cas des symptômes inflammatoires, tels que phimosis, paraphimosis, testicules enflés, nommés chaudepisse tombée dans les bourses, poulains douloureux, il faudroit appliquer le cataplasme émollient n.° 15 ; & si l'inflammation étoit considérable, il faudroit avoir recours aux bains généraux & locaux. Ces derniers s'exécutent en trempant la partie malade dans de l'eau chaude, dans laquelle on a fait infuser de la guimauve ou toute autre plante émolliente.

§. XXIV. Dans ce dernier cas, il feroit bon de donner une dose de plus d'eau de salubrité en lavement.

§. XXV. Il faut toujours tenir le ventre libre par des lavemens d'eau tiède, où l'on mettra de l'eau de salubrité ou deux gros de sel marin, suivant les cas.

§. XXVI. Si le malade avoit la bouche pâteuse, & que l'appétit diminuât, il faudroit le purger avec la médecine

C

n.° *6* ou *8;* & pendant l'effet, on lui feroit boire du thé léger, de l'eau panée ou du bouillon à l'oseille, avec du beurre & du sel.

§. XXVII. Il faut toujours suspendre l'usage de l'eau de salubrité les jours de médecine, ainsi que dans les cas où il arriveroit des accidens étrangers & non prévus. C'est à l'intelligence & à la prudence des gens qui seront chargés du traitement, à modifier le remède suivant ce qu'ils jugeront à propos; c'est un fort bon outil, mais encore faut-il savoir s'en servir.

§. XXVIII. Dans le cas des véroles anciennes, & même des nouvelles, lorsqu'elles sont accompagnées de dartres, de lèpres, de pustules, &c. il faut toujours faire boire au malade trois ou quatre verres par jour de la tisane sudorifique *n.*° *4*, pour seconder le remède, & le déterminer à se porter à la peau.

§. XXIX. Dans les gonorrhées, il faut faire usage de la tisane nitrée *n.*° *3*, en très-grande dose : plus on boira, moins les douleurs seront aiguës, & plus tôt on sera guéri.

§. XXX. Ordinairement les porreaux, les condylomes & crêtes-de-coq se dissipent par le seul usage de l'eau de salubrité; mais quand la base est large, la disparition de ces symptômes est fort long-temps à s'effectuer; & il est plus expédient d'employer le fer ou la pierre infernale sur ceux seulement qui seroient rébelles, mais il est assez rare qu'on soit obligé d'en venir là.

§. XXXI. Il est à remarquer que la disparition de tous les symptômes extérieurs, qui est ordinaire & sans secours d'aucun topique, est une preuve de plus de l'action immédiate du remède sur le virus vénérien.

§. XXXII. Il agit de même sur tous les venins animaux;

plufieurs expériences particulières ont prouvé cette affertion,
& l'on a des raifons de croire par l'analogie, que ce remède
feroit un fpécifique contre la rage ou hydrophobie, fi on
l'adminiftroit dans fon principe. Ceci eft trop intéreffant pour
le bien de l'humanité, pour ne pas engager tous les gens
bien intentionnés, & fur-tout M.^{rs} les Médecins & Chirurgiens des hôpitaux militaires, de faifir toutes les occafions
poffibles d'en faire des épreuves, & d'en rendre compte au
Secrétaire d'État ayant le département de la guerre, ainfi qu'à
M.^{rs} les premiers Médecins du Roi.

§. XXXIII. Dans le cas où l'on voudroit l'employer
contre la rage, il faudroit feulement augmenter la dofe jufqu'à
feize gros par jour, en commençant par la dofe ordinaire,
& il faudroit faire boire aux malades de la tifane *n.° 2*, où l'on
tripleroit la dofe du vinaigre ou du citron; c'eft-à-dire, au
lieu de trois cuillerées par pintes, on en mettroit neuf & même
douze. Il faudroit continuer ce traitement pendant quarante
ou cinquante jours, & même davantage fuivant les cas; il
faudroit auffi tenir des compreffes de linge mouillé avec de
l'eau de falubrité, fur les morfures.

§. XXXIV. Enfin il eft bien prouvé par des expériences
faites & répétées nombre de fois par des perfonnes dignes
de confiance, que ce remède détruit ou neutralife le virus
vénérien par-tout où il le rencontre, foit dans l'intérieur,
foit à l'extérieur du corps; ainfi il peut être utile en bien des
occafions comme préfervatif. Par exemple, perfonne n'ignore
les rifques que courent les Chirurgiens lorfqu'ils opèrent fur
des cadavres morts de la vérole, ou même fur des malades
vénériens; la moindre écorchure facilite l'introduction du virus

dans celui qui opère, d'où il fuit des plaies défagréables, &
même le gain complet de la maladie. On évitera tous les
dangers poffibles, en fe lavant les mains ou les autres parties
qui auront couru quelques dangers.

§. XXXV. Il eft encore à remarquer que l'eau de falubrité eft de tous les remèdes connus jufqu'à préfent, le plus
efficace contre le mal fi redoutable en Amérique, connu
fous le nom de *pian*, auquel les Nègres font fort fujets,
mais qui fe communique avec tant de facilité aux Blancs,
que l'on affure qu'une mouche qui auroit repofé fur l'ulcère
d'un Pianifte, nommé parmi les Nègres *Mama-pian*, eft feule
capable de communiquer cette cruelle maladie. Comme il
peut fe trouver parmi les troupes du Roi qui reviennent de
l'Amérique, des Soldats qui en foient attaqués, il eft bon
d'indiquer un remède propre à la guérir.

C'eft aux gens de l'art à en faire l'ufage qu'ils jugeront à
propos, s'ils veulent s'en fervir ; le traitement fera abfolument le même que pour la vérole, à la feule différence que
la tifane dont ils feront ufage, fera faite avec fix onces de
falfepareille en morceaux, une once d'efquine, dix onces de
fucre brut ou caffonade, vingt livres d'eau de rivière ou de
fontaine bien clarifiée. On fait infufer pendant douze heures
fur les cendres chaudes, ou au foleil pendant l'été, dans une
grande bouteille bien bouchée, dont le tiers refte vide ; &
après l'infufion faite, on paffe le tout par un linge, & on
ajoute le jus de deux citrons ou deux onces de vinaigre.

Les malades attaqués du pian, boiront cinq ou fix verres de
cette tifane pendant la journée, & prendront de l'eau de falubrité,
comme il a été dit aux *paragraphes XVIII, XIX & XX.*

FORMULE DES REMÈDES.

N.° 1. *Tiſane nutritive, pour prendre avec l'eau de ſalubrité.*

Prenez une once de mie de pain, & deux onces de miel ou de ſucre; faites-les bouillir dans une pinte d'eau; paſſez le tout par un linge, ou par un tamis de crin.

N.° 2. *Pour la boiſſon ordinaire des malades.*

Prenez une pinte d'eau filtrée ou clarifiée; mettez-y trois cuillerées de vinaigre blanc ou rouge commun, ou le jus d'un citron, avec deux onces de miel commun, ou du ſucre.

N.° 3. *Tiſane pour les malades attaqués de gonorrhée virulente.*

La même tiſane que le *n.° 2*, à laquelle on ajoutera un gros de nitre rafiné.

N.° 4. *Tiſane ſudorifique.*

Prenez des branches de bois de buis, dont vous ôterez la première écorce blanche, qu'on nomme *papirus*; il en reſtera une verte, qu'il faut râper avec la ſubſtance du bois : on prendra une once de cette râpure, que l'on fera bouillir dans une pinte & demi-ſetier d'eau commune, juſqu'à la réduction d'une pinte.

N.° 5. *Autre Tiſane apéritive, plus agréable.*

Prenez une pomme de reinette, pelez-la; coupez-la en quatre; ôtez-en les pepins; mettez-là dans une pinte & demie d'eau peſant trois livres; ajoutez deux onces de ſucre ou de miel; faites bouillir le tout juſqu'à ce que la pomme ſoit cuite; retirez le tout du feu, & ajoutez-y le jus d'un citron; conſervez cette tiſane dans une bouteille de verre.

Cette tiſane convient pour toute eſpèce de rhume, toux & catarres. Dans le cas des gonorrhées virulentes, il faut y ajouter un gros de ſel de nitre par pinte.

N.° 6. *Médecine purgative.*

Prenez racine de jalap en poudre & du ſucre blanc, vingt-quatre grains de chacun; mêlez bien, & mettez le tout dans un verre d'eau,

& avalez avec le marc : ou bien, formez un opiat de cette composition, en y ajoutant du miel en suffisante quantité. On peut aussi en former des bols, si on le desire.

N.º 7. *Autre médecine purgative, plus forte.*

Prenez vingt-quatre grains de jalap en poudre, autant de sucre, & huit grains d'*aquila-alba ;* formez du tout des bols, avec le miel ou le sirop de stockas.

N.º 8. *Autre médecine purgative liquide.*

Prenez manne choisie, deux onces; follicules de séné, deux gros; sel de Glauber, deux gros ; sirop de rose solutif, une once : faites infuser les follicules dans six onces d'eau bouillante; ajoutez-y la manne & le sel de Glauber; passez le tout par un linge, & ajoutez le sirop de rose à la colature.

N.º 9. *Autre médecine purgative liquide.*

Prenez une once de tamarins, faites-les bouillir dans quatre onces d'eau ou environ, pendant l'espace de quatre minutes, dans un pot de terre ; retirez-les du feu; ajoutez-y deux gros de follicules de séné ; laissez-les infuser un demi-quart-d'heure; réchauffez suffisamment la liqueur, sans la faire bouillir, pour y faire fondre deux onces de manne ; passez le tout, cela fera une médecine pour prendre le matin en une seule dose; pour les personnes un peu difficiles à purger, on ajoute deux gros de sel de Glauber.

N.º 10. *Médecine purgative en bols.*

Prenez vingt-quatre grains d'extrait panchy-magogue de Crollius, & huit grains de mercure doux; faites-en six bols, avec du sirop de stockas.

N.º 11. *Purgation pour les petits enfans, depuis un an jusqu'à quatre.*

Prenez deux onces de sirop de fleurs de pêcher ; ajoutez-y huit grains de poudre cornachine. Depuis quatre ans jusqu'à dix, il faut seulement doubler la dose de la poudre cornachine.

N.° 12. *Autre purgation pour les adultes & pour les enfans.*

Prenez fucre blanc, un quarteron ; fcamonée d'Alep, un gros : triturez-les bien enfemble, & délayez ce mélange dans un demi-fetier d'eau-de-vie (huit onces pefant) ; verfez le tout dans un vafe de terre neuf, verniffé ; mettez-y le feu, & laiffez brûler l'eau-de-vie, jufqu'à ce qu'elle refufe de fe rallumer : quand elle fe fera éteinte d'elle-même, & que vous aurez tenté inutilement d'y remettre le feu, alors verfez le liquide reftant dans une bouteille, & gardez-le pour l'ufage.

Les adultes robuftes peuvent en prendre jufqu'à deux cuillerées ; il n'en faut qu'une pour les tempéramens ordinaires. On en donne une cuillerée à café aux enfans, depuis un an jufqu'à quatre ; & deux, depuis quatre ans jufqu'à fept. Si après la dofe, la médecine ne faifoit pas affez d'effet, on pourroit en reprendre une petite dofe par-deffus la première.

N.° 13. *Eau de rabel, ou Efprit de vitriol dulcifié.*

Prenez de l'huile de vitriol rectifiée blanche, quatre onces ; efprit-de-vin très-rectifié, & qui mette le feu à la poudre, douze onces.

Mettez l'efprit-de-vin dans un matras, & verfez deffus peu-à-peu l'huile de vitriol : ayez un autre petit matras, dont le col puiffe entrer dans le col du premier, & qu'on nomme *vaiffeau de rencontre* : lutez bien les jointures ; & enfuite remuez bien le matras, pour faciliter l'union & le mélange des matières : laiffez le tout en digeftion à froid pendant une huitaine de jours ; enfuite décantez la matière, & confervez-là dans un flacon de criftal bien bouché.

Nota. On peut faire de l'eau de rabel ou efprit de nitre dulcifié, plus vîte & plus aifément. Voici la manière : Prenez efprit de vitriol, qui donne vingt-quatre degrés à l'aréomètre de M. Beaumé ; ou, ce qui eft encore plus aifé, prenez un vafe qui contienne une once d'eau diftillée ; rempliffez-le d'efprit de vitriol ; ce même volume doit pefer une once & un gros, c'eft-à-dire, que la pefanteur de l'efprit de vitriol qu'on emploiera, doit être à l'eau diftillée comme huit eft à neuf : ajoutez à cet efprit partie égale d'efprit-de-vin bien déflegmé ; mettez le tout dans un matras, couvert d'un vaiffeau de rencontre, comme il a été dit ci-deffus, dont les jointures foient bien lutées, & mettez le matras en digeftion fur des cendres chaudes, pendant deux fois vingt-quatre heures, ou au foleil de l'été, pendant huit à dix jours. Vous verferez enfuite la liqueur tout doucement, par inclination, pour ne pas la troubler, dans un flacon de criftal bien bouché, pour vous en fervir.

N.º 14. *Tifane aftringente, pour arrêter l'écoulement des Gonorrhées, après la deftruétion du virus.*

A la tifane fudorifique de buis, *n.º 4*, ajoutez une demi-once de bardane, & deux onces de teinture de boule d'acier ; qui fe fait, en prenant de l'eau chaude, dans laquelle on laiffe tremper une boule de Nanci, jufqu'à ce que l'eau ait acquis la couleur de la boule.

N.º 15. *Cataplafme émollient.*

Prenez de la mie de pain, que vous ferez bouillir avec de l'eau de guimauve, jufqu'à confiftance de bouillie épaiffe. Ajoutez-y du lait, s'il eft poffible, en le fubftituant à l'eau de guimauve : L'un & l'autre produit le même effet.

OBSERVATIONS

OBSERVATIONS

PRÉLIMINAIRES ET RELATIVES

À l'Analyse des Procès-verbaux.

IL y a eu deux procès-verbaux, en date du 12 décembre 1776; l'un pour décrire les fymptômes, l'autre pour indiquer l'adminiftration & les effets du remède; & celui-ci a été fuivi jour par jour.

L'objet de cette Analyfe eft de réunir, numéro par numéro, ce qui concerne chaque malade, & de faire connoître d'un coup-d'œil fa maladie, fon traitement & fa guérifon.

Le traitement a commencé le 13 décembre 1776 pour quinze malades; les huit autres n'y ont été admis que plus tard.

La falle étoit échauffée par un poële; & l'on y avoit placé des thermomètres de M. de Réaumur, pour y entretenir la chaleur depuis 15 jufqu'à 17 degrés.

On en renouveloit l'air deux ou trois fois par jour.

On y faifoit évaporer du vinaigre pour corriger les exhalaifons putrides & humides.

L'eau des bains étoit entre 27 & 28 degrés de chaleur.

Les malades avoient leur ration entière d'alimens. On ne leur avoit d'abord donné que des fubftances végétales; telles que du riz, des lentilles, des haricots, des pommes de terre: mais le gras étant plus commode dans cette faifon pour les Entrepreneurs, les Soldats ont été nourris de cette manière

D

pendant tout le reſte du traitement. Ils avoient par jour un demi-ſetier de vin, ce qui fait le quart de la pinte de Paris.

Le remède a été adminiſtré par le ſieur DE MARBECK & un Médecin, que Sa Majeſté avoit chargés de ſes ordres à cet égard.

Comme c'étoit une expérience dont les Officiers de ſanté de l'hôpital étoient les Juges, ils ont pris toutes les précautions néceſſaires pour qu'elle ſe fît avec la plus grande exactitude. Ils avoient fait poſer une ſentinelle à la porte de la ſalle, pour en interdire l'entrée à toute perſonne étrangère. L'eau de ſalubrité étoit renfermée dans une armoire, & ne s'adminiſtroit qu'en leur préſence : les boiſſons ſe préparoient ſous leurs yeux par l'Apothicaire. Ils étoient d'abord convenus qu'ils ne ſuivroient l'expérience que par Députés ; mais leur zèle leur a fait abdiquer cette réſolution, & ils n'ont jamais manqué d'aſſiſter tous aux viſites qui ſe faiſoient au moins deux fois par jour. Cette conduite mérite qu'ils ſoient nommés. Ce ſont :

Le ſieur DE MILLEVILLE, Médecin titulaire.

Le ſieur MERLIN, Médecin en ſurvivance.

Le ſieur PLANQUE, Chirurgien-major.

Le ſieur DE CHASTANET, Chirurgien-major en ſurvivance, exerçant.

Le ſieur PRÉVÔT, en ſurvivance du ſieur CHASTANET.

Les Chirurgiens-majors des différens régimens qui étoient en garniſon à Lille, n'ont pas montré moins d'exactitude à ſuivre le traitement ; beaucoup d'Officiers l'ont également ſuivi.

Ç'eſt le ſieur MALUS, Commiſſaire des guerres, chargé

de la police de l'Hôpital, sous les ordres du sieur RAUDIN, Commissaire-ordonnateur, qui a dressé les procès-verbaux avec toute la clarté qu'ils exigeoient.

La simple Analyse que l'on en va faire, & à laquelle on ajoutera quelques notes, offrira sur cette méthode une espèce de Traité-pratique que toutes les personnes de l'art pourront suivre avec confiance, & qu'elles devront au zèle, à l'attention & aux soins des Officiers de santé dont Sa Majesté a permis que les noms fussent cités.

N.° 1.er

RÉGIMENT DE FLANDRE, *Compagnie de Dabas.* } . . . { JEAN-LOUIS VOISIN, *Musicien, âgé de 21 ans.*

SYMPTÔMES.

	1776. Déc.	
		DES porreaux sur le gland depuis un an.
		Il a pris sans succès, deux bouteilles de sublimé corrosif à Landau.
	8.	Entré à l'Hôpital.
	12.	Remis au sieur de Marbeck.

TRAITEMENT.

	13.	Boisson acidulée (a).
	14.	Deux doses d'eau de salubrité, une le matin, l'autre le soir, de demi-once chacune (b).
	15.	Deux doses d'eau de salubrité, la tisane nitrée.

(a) C'étoit un oximel composé d'eau commune avec une once de miel & trois cuillerées de vinaigre par pinte de Paris.

On a donné le nom de *limonade* à cette boisson, quand, au lieu de vinaigre, elle étoit acidulée avec le suc de citron.

Et on l'appeloit *tisane nitrée,* lorsqu'on y ajoutoit un gros de sel de nitre par pinte.

Chaque malade en buvoit au moins une pinte par jour.

(b) Cette dose n'a jamais varié quant au poids; mais les circonstances ont exigé qu'on en donnât souvent trois ou quatre doses par jour.

D ij

SUITE du N.º 1.er

(a) Cette obſervation eſt commune à tous les malades admis au traitement le 13, & même à ceux qui n'y ſont entrés que le 14. Ainſi c'eſt le deuxième jour de l'adminiſtration du remède, qu'ils en ont tous éprouvé cet effet uniforme ; c'eſt la preuve la plus ſûre qu'il eſt exactement analogue à la nature du mal : on ſait aſſez qu'il n'y a que les ſpécifiques qui agiſſent ſans variation.

La déjection des urines & la tranſpiration, ont continué avec la même abondance juſqu'à la diſparition des ſymptômes. C'eſt l'effet néceſſaire de ce remède ; il ne ceſſe d'agir de cette manière, que lorſqu'il n'y a plus de virus à détruire. On peut regarder alors le malade comme guéri ; cependant la prudence exige que l'on continue d'adminiſtrer le remède pour affermir la guériſon : mais il n'excite alors ni tranſpiration extraordinaire, ni déjection plus abondante des urines, & c'eſt la preuve aſſurée qu'il a détruit tout le mal.

(b) Ce jour-là, c'eſt-à-dire le cinquième jour de l'adminiſtration du remède, douze des quinze malades admis le 13 au traitement, ont éprouvé un changement notable dans leur ſituation ; & l'on doit remarquer que cette marche uniforme du remède ne laiſſe point de doute ſur ſes propriétés ſpécifiques.

(c) Les Officiers de ſanté ont obſervé que cette éruption étoit l'*effet du remède*. Ils l'ont appelée *critique* ; & comme parmi le nombre des malades il y en avoit quelques-uns qui, en apparence, n'étoient attaqués que de ſimples gonorrhées, ils ont conclu de cette éruption que les malades

1776.
Déc.

OBSERVATION.

Le malade a uriné & tranſpiré abondamment (a).

16.
17.
18.

Même traitement avec la limonade dès le 17, & un bain le 18.

OBSERVATION particulière au malade.

Ses porreaux ſont diminués, il ſe trouve mieux (b).

OBSERVATION générale à tous les malades.

C'eſt celle d'une éruption milliaire ſur le corps des malades (c).

19.
20.
21.
22.
23.

Même traitement, avec un bain le 21 & le 23.

dont les symptômes n'annonçoient pas une vérole caractérisée, étoient *affectés d'un principe vénérien ancien, circulant avec les humeurs.* Il eût été difficile de faire une observation plus judicieuse.

(a) Cette douleur violente avoit dû commencer à se faire sentir le 21, qui, ainsi qu'on le verra dans les traitemens suivans, a été un jour de révolution pour tous les malades; mais comme cet effet du remède étoit occulte, il auroit fallu, pour le constater, que le malade s'en fût plaint. Les effets apparens ont toujours été très-exactement observés.

(b) Faite dans l'eau commune, en y faisant bouillir une demi-once de bois de buis en poudre par pinte.

(c) Il faut que le malade n'ait point été fatigué par la médecine, pour lui donner le soir de l'eau de salubrité.

(d) On reconnoît à ce caractère la destruction du virus : ça été là l'époque de la guérison du malade, & s'il a encore pris le remède, ce n'a été que pour l'affermir davantage.

1776. Déc.	**OBSERVATION.** Le malade se plaint d'une douleur assez violente à la région lombaire, qui s'étend jusqu'aux cuisses (a).
24. 25.	Même traitement, avec un bain le 24.
26. 27.	Trois doses d'eau de salubrité.
28. 29. 30.	Quatre doses du remède. On ajoute à la quantité de boisson ordinaire une décoction sudorifique de bois de buis (b).
31.	Trois doses du remède, & les mêmes boissons.
1777. Janv.	
1.ᵉʳ	Purgation avec vingt grains de jalap. Les mêmes boissons, & une dose du remède le soir (c).
2.	Deux doses, les boissons & un bain.
	OBSERVATION. Le malade a fait lui-même la ligature des excroissances verruqueuses qu'il avoit autour du gland : celles-là sont tombées. Les plus petites qui n'avoient point été liées, ont paru blanchies (d).

1777. Janv.	
3. 4.	Le remède eſt ſuſpendu pour ſonder l'état du malade. Il continue la décoction de buis.
5.	Nouvelle purgation avec vingt grains de jalap.
6. 7. 8. 9.	Trois doſes du remède, les mêmes boiſſons & un bain le 7 & le 8.
10.	Les même boiſſons.
11. 12.	Deux doſes du remède, avec les boiſſons.
13.	Les boiſſons ſimplement.
	Le malade eſt jugé guéri, & envoyé aux Convaleſcens.
18.	Renvoyé de l'Hôpital *(a)*.
	Trente-un jours de traitement; & il ne faut pas oublier que ce malade avoit été manqué par le ſublimé corroſif.

(a) L'affoibliſſement qu'éprouvent les malades par les traitemens ordinaires, oblige les Officiers de ſanté de tous les hôpitaux à les tenir plus ou moins de temps aux Convaleſcens. Ce n'eſt pas le beſoin qui a excité ceux de l'hôpital de Lille à ſuivre ici cet uſage, puiſqu'ils ne pouvoient pas faire donner aux malades une nourriture plus ſubſtancielle que celle qu'ils avoient eue pendant le traitement; ils ne l'ont fait que pour s'aſſurer davantage de la parfaite guériſon, par quelques jours d'obſervation de plus.

RÉGIM.ᵗ DE PENTHIÈVRE, ⎰ ... *KERN, dit* la Gaieté, *Fusilier, 19 ans.*
Compagnie de Cudel. ⎱

1776.
Déc.

SYMPTÔMES.

Une gonorrhée, dont l'écoulement se fait sans douleur.

6. Entré à l'Hôpital.

Il y est préparé par les remèdes généraux (a), *& par les boissons antiphlogistiques* (b).

12. Remis au sieur de Marbeck.

TRAITEMENT.

13. La boisson acidulée, & le soir les ¾ d'une dose d'eau de salubrité.

14. Deux doses complètes de demi-once chacune.

Pour boisson, la tisane nitrée.

15. Même traitement.

OBSERVATION.

La transpiration & les urines abondantes.

16.
17. ⎰ Même traitement, avec la limonade le 17 & un bain le 18.
18. ⎱ *C'est là le jour de l'irruption milliaire.*

OBSERVATION.

La gonorrhée coule beaucoup plus que dans le commencement, ce qu'on doit regarder comme un bon signe.

(a) Ces remèdes généraux sont la saignée, la purgation, la diète.

(b) Tisane de chiendent & de réglisse ; mais ces végétaux ne sont pas plus exempts de phlogistique que les autres ; & c'est ainsi que la Chimie a prouvé par l'expérience, que l'on se sert encore quelquefois en Médecine d'expressions qui ne caractérisent pas avec justesse les choses qui en sont l'objet.

SUITE du N.º 2.

1776. Déc.	
19. 20. 21.	Même traitement sans bain.

OBSERVATION du 21.

Le malade se trouve bien, l'écoulement continue à être considérable & d'une couleur louable (a).

(a) Cette observation, qui vient après celle du 15 & du 18, prouve toujours de plus en plus que ce remède, en agissant avec uniformité & périodiquement, est un vrai spécifique.

| 22. 23. 24. 25. 26. 27. | Même traitement, avec un bain le 22 & le 26. |
| 28. 29. 30. | Trois doses du remède & la même boisson. |

OBSERVATION du 30.

Le malade n'a presque plus d'écoulement.

| 31. | Deux doses, & la tisane de buis ajoutée. |

1777. Janv.	
1.er	Purgation avec vingt grains de jalap. Une dose de la liqueur.

SUITE

1777. Janv.	
2.	
3.	
4.	Suspension du remède pour sonder l'état du malade.
5.	
6.	La tisane de buis continuée.
7.	Deux doses du remède & un bain.
8.	Nouvelle purgation avec vingt grains de jalap. Une dose du remède.
9.	Trois doses & la tisane sudorifique.
10.	
11.	
12.	Deux doses, la tisane & le bain le 1●
13.	& le 11.
14.	
15.	
16.	Trois doses & les boissons ordinaires.
17.	
18.	Trois doses, avec la tisane astringente *(a)* & l'eau minérale *(b)* ajoutée.
19.	
20.	Même traitement, avec un bain le 20.
21.	
22.	Même traitement, avec deux bains.

(a) Les astringens dont on se sert dans les Hôpitaux militaires, sont les baumes de capahu, du Pérou & la thérébentine; tous remèdes échauffans, & dont l'effet n'est pas sûr.

Ici, les astringens dont on s'est servi, ont été faits, en ajoutant à la décoction de buis, de la racine de bardane, & en y faisant tremper la boule d'acier.

(b) Composée avec l'eau de rabel, ou ce qui est la même chose, avec l'acide vitriolique & l'esprit-de-vin étendu dans l'eau commune, jusqu'à une acidité agréable.

E

1777. Janv.	
23.	Le même avec un bain, & de plus une panade, de l'écorce de grenade, & du lait coupé avec moitié d'eau.
24.	Plus d'eau de falubrité, un bain, l'eau minérale, la panade, la décoction aftringente.
	OBSERVATION.
	Le malade ne reffent plus de douleur dans l'érection depuis hier; il lui refte néanmoins un petit fuintement.
25. 26.	L'eau minérale & la panade.
27.	Le malade eft jugé guéri; il part pour fon régiment le 28.

RÉSULTAT.

CE malade dont la gonorrhée couloit fans douleur, étoit plus affecté que les apparences ne l'indiquoient : cela fe décide par les effets du remède, qui, comme aux autres, a opéré une tranfpiration & une déjection d'urines abondantes, & une éruption milliaire critique, qui a fait juger aux Officiers de fanté qu'elle avoit pour caufe *un virus vénérien circulant avec les humeurs.* Ce malade avoit donc la vérole. Son traitement a été très-long : cela vient de ce qu'on l'avoit faigné. Le virus vénérien a fon fiége principal dans la lymphe ; mais comme tous les fluides cherchent à fe mettre en équilibre, le volume du fang n'eft pas fitôt diminué, que les liqueurs lymphatiques y paffent en y chariant le virus dont elles font infectées ; alors le malade eft plus long-temps à guérir. C'eft ce qui eft démontré par le procès-verbal. Tous les malades faignés, ont réfifté plus long-temps à l'eau de falubrité que les autres.

Le traitement de celui-ci a duré quarante-cinq jours.

N.° 3.

RÉGIM.ᵀ DE PENTHIÈVRE, } ... *LUCAS, dit* Lamarche, *22 ans.*
Compagnie de Digoine.

1776. Déc.	**SYMPTÔMES.**
	UNE *gonorrhée, des phimofis & des chancres autour du gland.*
7.	Entré à l'Hôpital.
	Il eſt ſaigné & purgé.
12.	Remis au ſieur de Marbeck.

TRAITEMENT.

13.	La boiſſon acidulée.
14.	Deux doſes du remède.
	Et pour boiſſon, la tiſane nitrée.
15.	Même traitement.
	La déjection des urines & la tranſpiration abondantes.
16. 17. 18.	Même traitement, avec la limonade le 17 & un bain le 18.
	C'eſt le jour de l'éruption milliaire.

OBSERVATION *particulière au malade.*

Il ſe *trouve ſi bien de l'effet du remède,* que les chancres ont entièrement diſparu.

19. 20. 21.	Même traitement, avec un bain le 21.

E ij

SUITE du N.º 3.

1776. **Déc.**	*OBSERVATION.* Le malade ne reffent plus de dou-leurs, il n'a prefque plus de phimofis ; l'écoulement de fa go-norrhée eft très-confidérable & d'une couleur louable.
22. 23.	Même traitement fans bain le 23.
24.	Trois dofes, la même boiffon & un bain.
25. 26. 27. 28.	Même traitement, avec un bain le 26.
29.	Purgation avec vingt grains de jalap. Une dofe d'eau de falubrité. *OBSERVATION.* Le malade n'a plus de phimofis, & prefque plus d'écoulement.
31.	Deux dofes avec l'addition du bois de buis.
1777. **Janv.**	
1.er	Même traitement.
2.	Sufpenfion d'eau de falubrité pour fonder le malade. La tifane de buis.
3.	jufqu'au 17 inclufivement, la même chofe.

SUITE du N.º 3.

1777. Janv.	
18.	La boisson astringente.
19. 20. 21.	} *Idem.*

OBSERVATION.

Cet homme a encore eu depuis quelques jours un reste d'écoulement qui est fort diminué ; il lui est même survenu une éruption cutanée avec démangeaison : on lui a prescrit des bains & la décoction de buis.

22.	La boisson astringente.
23.	La panade.
24.	La boisson astringente.
25.	La boisson astringente, la panade & un bain.
26.	La boisson.
27.	Guéri & parti.

RÉSULTAT.

CET homme avoit été saigné, purgé & tenu à la diète ; il a éprouvé tous les effets périodiques du remède, & même après la première éruption milliaire, il en a eu une seconde ; aussi avoit-il une vérole bien caractérisée, que la saignée avoit étendue davantage, en la faisant passer dans le sang ; mais il est inutile de s'appesantir sur cette remarque. La démonstration de cette théorie résulte du procès-verbal.

N.° 4.

RÉGIMENT DAUPHIN, Compagnie de Montgon. ... ROCHETIN, dit Rochetin, Fuſilier, 22 ans.

(a) C'eſt-à-dire, qu'on l'a tenu à la diète & qu'on l'a ſaigné.

1776. Déc.	SYMPTÔMES.
	UNE gonorrhée ſimple, douleurs dans l'érection, cuiſſon en urinant.
2.	Entré à l'Hôpital.
	On lui a fait les remèdes généraux *(a)*. On lui a donné les boiſſons anti-phlogiſtiques. Les boles apéritives. Les émulſions nitrées.
12.	Remis au ſieur de Marbeck.

TRAITEMENT.

13.	Boiſſon acidulée, ¼ de doſe d'eau de ſalubrité.
14. 15.	Deux doſes complètes, avec la boiſſon nitrée.
	Le malade tranſpire abondamment comme les autres.
16. 17. 18.	Même traitement. Le 18 a été le jour de l'éruption milliaire.
19. 20. 21. 22. 23.	Même traitement, avec la limonade pour boiſſon dès le 17, & un bain les 19, 20, 21 & 22.

SUITE du N.º 4.

1776. Déc.	
24.	
25.	Trois doſes, avec un bain le 24 &
26.	le 26.
27.	
28.	
29.	Quatre doſes.
30.	

OBSERVATION.

Les ſymptômes ſont tous diſparus, & le malade a été envoyé aux Convaleſcens *(a)*.

31.	
1777. Janv.	
1.er	
2.	
3.	
4.	
5.	
6.	L'eau minérale, la panade & la tiſane
7.	aſtringente.
8.	
9.	
10.	
11.	

(a) Le procès-verbal, malgré toute ſon exactitude, n'a pas fait mention des changemens que cet homme a dû éprouver dans ſon état local par les effets du remède ; mais en conſtatant le 30, que les ſymptômes étoient tous diſparus, on conçoit qu'ils n'avoient pu diſparoître que progreſſivement comme aux autres, & principalement le 18 & le 21.

1777. Janv.	OBSERVATION.

OBSERVATION.

Le 11, le malade s'étant préfenté pour fortir, il a été obfervé que fa gonorrhée couloit encore un peu.

Sur cela, dit le procès-verbal, il s'eft élevé un débat entre les Officiers de fanté & le Médecin qui accompagnoit le fieur de Marbeck, pour favoir s'il étoit néceffaire de lui faire reprendre la liqueur pour diffiper cet écoulement.

Il a été décidé de tenter auparavant les remèdes locaux *(a)*.

(a) La décifion étoit jufte, le malade étoit guéri; & s'il y avoit encore un peu d'écoulement, cela ne venoit que de ce qu'il avoit été préparé par les faignées, qui avoient affoibli & relâché fes organes. Auffi a-t-il fuffi de lui donner les aftringens, il les a pris jufqu'au 24 Janvier 1777; & on voit combien il a fallu de temps, après fa guérifon reconnue le 30 Décembre, pour arrêter l'écoulement : ce n'eft qu'aux faignées que l'on doit attribuer cette prolongation.

12.
13.
14.
15.   } La boiffon aftringente.
16.
17.

18.
19.
20.   } *Idem.*
21.
22.

23.
24.   } La panade ajoutée.

SUITE

SUITE du N.° 4.

1777.
Janv.

OBSERVATION.

La gonorrhée ne coule plus,

Renvoyé de l'Hôpital.

RÉSULTAT.

LE remède ayant opéré fur ce malade les mêmes effets progreffifs que fur les autres, la déjection des urines plus abondante, la tranfpiration & l'éruption milliaire ; il eft évident qu'il étoit plus affecté que les fymptômes ne l'indiquoient, & qu'il avoit un virus univerfellement répandu , qui au jugement des Officiers de fanté, s'eft fait paffage par les fueurs, les urines & l'éruption milliaire.

F

RÉGIM.ᵗ DE PENTHIÈVRE, } ... *LELONG*, ... *Caporal, 22 ans.*
Compagnie de Daron.

1776.
Déc.

SYMPTÔMES.

DEUX chancres légers.

Une oppreſſion de poitrine depuis trois mois (a).

(a) Les malades foibles qui paſſent par les frictions, deviennent ſouvent poitrinaires; mais il eſt rare que ceux qui le ſont déjà, y puiſſent réſiſter. Il n'y a rien à craindre avec l'eau de ſalubrité, on peut la donner ſans héſiter.

6. Entré à l'Hôpital.

12. Remis au ſieur de Marbeck.

TRAITEMENT.

13. La boiſſon acidulée, une doſe de $\frac{3}{4}$ d'eau de ſalubrité.

14. }
15. } Même traitement, avec la tiſane nitrée dès le 14.

Le 15, le malade urine & tranſpire abondamment comme les autres.

16. }
17. } *Idem*, avec la limonade.
18. }

C'eſt-là le jour de l'éruption critique.

OBSERVATION.

Le malade eſt preſque guéri ; ſes deux chancres ſont entièrement paſſés, & il lui eſt ſorti par *les effets du remède*, des bandes larges de dartres ſur les deux cuiſſes, qui paroiſſent cauſe de la ceſſation des douleurs de poitrine qu'il reſſentoit.

1776. *Déc.*	
19.	Même traitement.
	OBSERVATION. Les dartres augmentent, & les douleurs de poitrine diminuent de plus en plus.
20. 21.	Même traitement, avec un bain.
	OBSERVATION. Le malade est entièrement guéri de ses chancres & *de son mal de poitrine;* mais les dartres qui ont paru par l'effet du traitement, sont *très-vives & critiques* (a).
22. 23.	Même traitement, avec les bains.
24.	*Idem,* sans bain.
25.	Le même avec un bain.
26.	*Idem,* sans bain.
27.	*Idem,* avec un bain, *La tisane de buis ajoutée.*
28. 29. 30.	Trois doses du remède, mêmes boissons & un bain le 29.
	OBSERVATION *du 30.* *Les dartres s'éteignent* (b).
31.	Trois doses du remède & les boissons.

(a) Que seroit devenu le malade, si des dartres aussi animées n'avoient pas été poussées en dehors par l'*effet du remède!* Il est bien évident qu'il auroit promptement fini ses jours par une mort douloureuse : une vérole & une maladie de poitrine aussi caractérisées, guéries par le même remède, doivent sûrement passer pour quelque chose d'extraordinaire.

(b) Les observations précédentes font voir l'action du remède qui se gradue dans ses effets, & porte toujours le virus au lieu où il s'est fait une issue. Ces effets locaux deviennent progressivement plus marqués, jusqu'à ce qu'enfin ils disparoissent avec rapidité : c'est ce que justifie l'observation actuelle.

Les Officiers de santé de l'hôpital de Lille, n'ont pas laissé échapper une remarque aussi essentielle. On verra sur le *n.º* 20 qui se plaignoit de ce que ses douleurs augmentoient; qu'ils ont observé que c'étoit l'*effet naturel du remède.* L'humanité est trop heureuse, quand ceux qui sont destinés à guérir ses infirmités, sont aussi attentifs à étudier l'effet des remèdes qui secondent leur zèle.

F ij

SUITE du N.º 5.

1777. Janv.	
1.er	*Idem.*
2.	*Idem*, avec un bain.
3.	Même traitement.
4.	*Idem*, fans bain.
5.	*Idem*, avec un bain.
6.	*Idem*, fans bain.
7.	*Idem.*
8.	*Idem.*
9.	Même traitement.
10.	*Idem*, avec un bain.

OBSERVATION.

Les fymptômes étant entièrement difparus, le malade eft entré aux Convalefcens *(a)*.

| 14. | Jugé guéri, & parti pour fon Régiment. |

(a) On a déjà remarqué que les malades étant bien nourris pendant le traitement, il étoit abfolument inutile de les faire paffer aux Convalefcens. Si les Officiers de fanté y ont envoyé celui-ci, ce n'a été que pour avoir occafion de l'obferver pendant quelques jours de plus. Il pouvoit partir dès le 10, les forces, au lieu de diminuer, ne font qu'augmenter dans ce traitement.

RÉGIMENT DAUPHIN, *Compagnie Colonelle.* } ... *BOISSIER, ... Fuſilier. ... 28 ans.*

1776. Déc.	**SYMPTÔMES.**
	DOULEURS nocturnes, ſuites d'une gonorrhée ſupprimée qui avoit été précédée de chancres mal panſés.
6.	Entré à l'Hôpital.
12.	Remis au ſieur de Marbeck.

TRAITEMENT.

13.	La boiſſon acidulée; $\frac{3}{4}$ de doſe d'eau de ſalubrité.
14. 15. }	Deux doſes entières; la tiſane nitrée.
	La tranſpiration & les urines abon-dantes comme les autres.
16. 17. 18. }	Même traitement, avec la limonade le 17.

OBSERVATION du 18.

Remarquable par l'éruption milliaire, critique, & par une eſpèce de clou charbonneux très-enflammé, qui a paru ſur l'épaule gauche. Il a ſup-puré de lui-même, & eſt guéri (a).

| 19. 20. 21. } | Même traitement, avec un bain le 20. |

(a) Les tumeurs vénériennes, en quel-qu'endroit qu'elles ſe ſignalent, exigent ordinairement un traitement méthodique, & qu'on les ouvre avec la lancette ou le biſtouri : une des propriétés particulières de l'eau de ſalubrité, eſt d'éviter, preſque dans tous les cas, ces opérations douloureuſes, & qui laiſſent des cicatrices déſagréables.

SUITE du N.° 6.

1776. *Déc.*	***OBSERVATION du 21.***
	Le malade ne reſſent plus de dou-leurs nocturnes dans les membres. Le clou charbonneux eſt cicatriſé. Une dartre s'eſt manifeſtée au même endroit.
22. 23. 24. 25.	Même traitement.
	OBSERVATION du 25.
	Tous les ſymptômes ſont entière-ment détruits ; le malade a paſſé aux Convaleſcens.
1777. 1.er *Jan.*	Jugé guéri, & parti.

RÉSULTAT.

C'étoit-là une vérole bien caractériſée, & le traitement, ſans y comprendre les jours de convaleſcence, que les Officiers de Santé n'ont ordonné que pour examiner plus long-temps le malade, n'a duré que treize jours. C'eſt que le malade n'avoit point été ſaigné. Celui du numéro précédent ne l'avoit pas été non plus, & ſon traitement a duré vingt-neuf jours, ſans ceux de la convaleſcence ; mais on ſait, tout d'un coup, pourquoi l'un a été plus long-temps à guérir que l'autre, lorſqu'on ſe rappelle les *larges bandes de dartres* que le remède avoit fait ſortir.

RÉGIMENT DE DIESBACH, *Compagnie de Pelett.* } ...*SCHLECHT*........ *31 ans.*

1776. *Déc.*	### SYMPTÔMES.
	DOULEURS noclurnes, suites d'une gonorrhée supprimée.
	Une dartre légère sous le nez.
6.	Entré à l'Hôpital.
	Les Officiers de santé lui ont administré les remèdes généraux (a).
12.	Remis au sieur de Marbeck.

(a) On se rappellera que ces remèdes généraux sont la saignée, les purgations, les boissons anti-phlogistiques. On a déjà observé combien la saignée étoit nuisible.

TRAITEMENT.

13.	La boisson acidulée.
14. 15.	Deux doses d'eau de salubrité, avec la décoction de buis ajoutée à la boisson.
	La transpiration & les urines abondantes comme aux autres.
16. 17. 18.	Même traitement. *Il éprouve l'éruption milliaire.*

OBSERVATION.

Les douleurs qu'il ressentoit dans tous les membres, sont dissipées. Il ne lui reste qu'une douleur momentanée du côté droit.

19. 20. 21.	Même traitement, avec un bain le 20.

	1776. *Déc.*	

OBSERVATION du 21.

Le malade eft dans le meilleur état poffible ; fes douleurs ont tout-à-fait difparu. L'éruption milliaire eft diffipée *(a)*.

(a) Ces fortes d'éruptions milliaires fe diffipent en plus ou moins de temps ; elles difparoiffent communément trois jours après leur apparition, pourvu que le traitement fe faffe auffi méthodiquement que les Officiers de fanté de l'hôpital de Lille ont fait celui-ci. Mais on conçoit que les gens du monde qui ne voudroient pas, ou qui ne pourroient pas s'aftreindre à des règles auffi ftrictes fur le degré de chaleur, fur le temps jufte de prendre le remède, &c. & qui voudroient allier leurs affaires à leur traitement, n'éprouveroient point ces crifes exactement périodiques du remède ; il les guériroit toujours infailliblement, mais ce feroit avec beaucoup plus de temps & fans éruptions univerfelles, fur-tout en hiver.

23. } 24. } Même traitement, avec un bain le 22.

24. } 25. } 26. } 27. } 28. } Trois dofes du remède, les mêmes boiffons & un bain les quatre derniers jours.

29. } 30. } Quatre dofes, avec un bain le 29.

31. Deux dofes.

OBSERVATION.

La petite dartre que le malade a fous le nez, produit de petites éruptions en boutons blancs fur la figure.

Elles fe diffipent à mefure qu'elles fe manifeftent.

(b) Le malade ne reffentoit point ces douleurs vives dans le commencement du traitement ; le remède les a fait naître & augmenter, en ouvrant au virus un accès plus facile dans cette partie où il y avoit déjà un fymptôme local. Cela prouve de plus en plus la juftreffe des obfervations des Officiers de fanté de l'hôpital de Lille, fur la manière dont le remède opère.

Le malade reffentoit des douleurs vives dans les cartilages du nez jufqu'à la racine, principalement du côté droit ; elles font beaucoup diminuées *(b)*.

SUITE

1777. Janv.	
1.ᵉʳ	Deux doſes du remède, la boiſſon ordinaire, la tiſane ſudorifique, un bain.
2. 3. 4. 5. 6. 7. 8. 9. 10.	Trois doſes du remède, les mêmes boiſſons, un bain le 2, le 7, le 10.
11. 12. 13.	Trois doſes du remède, les boiſſons, un bain le 12.
14.	Plus d'eau de ſalubrité; les mêmes boiſſons & l'eau minérale.

OBSERVATION.

Les ſymptômes étant diſparus, le malade a été envoyé aux Convaleſcens.

| 18. | Parti. |

G

N.° 8.

RÉGIM.ᵀ DE PENTHIÈVRE, } ... *PELLETIER*, *dit* la Déroute, *24 ans.*
Compagnie de Daron.

1776. Nov.	
21.	Entré à l'Hôpital.

SYMPTÔMES.

Il est venu à l'Hôpital, dit le procès-verbal, pour être traité d'une ancienne gonorrhée.

Il a passé pour cela deux fois par les grands remèdes à Rouen, *dans l'espace de quatre mois.*

On lui a administré à l'Hôpital les remèdes généraux, les boissons antiphlogistiques, les émulsions nitrées, les bols apéritifs.

Cela se termine par cette remarque :

Ces moyens ont eu tant de succès, que le malade *est à la fin de sa maladie.*

Si cela étoit ainsi, le sieur de Marbeck, & le Médecin qui l'accompagnoit, n'auroient pas dû se charger de ce malade.

Mais il n'est point d'observation qui caractérise mieux l'embarras où se trouvent les personnes les plus habiles dans l'art de guérir, quand elles sont obligées de se servir de remèdes

1776. *Nov.*	incertains ; les palliatifs les plus légers, leur paroissent souvent des guérisons , & les Officiers de santé de l'hôpital de Lille , se sont ici trouvés trompés par cette apparence. Les progrès du traitement en vont donner la preuve.
Déc.	
I 2.	Remis au sieur de Marbeck.

TRAITEMENT.

I 3.	La boisson acidulée & l'eau de salubrité , une fois à $\frac{3}{4}$ de dose.
I 4. I 5.	Deux doses d'eau de salubrité, & la tisane nitrée. *La transpiration & les urines abondantes comme aux autres.*
I 6. I 7. I 8.	Même traitement avec la limonade dès le 17.

OBSERVATION *du 18.*

C'est le jour de l'éruption milliaire.
Le malade est beaucoup mieux ; la gonorrhée, qui avoit résisté deux fois au traitement par les frictions, *est presqu'entièrement passée par les effets du remède ;* c'est-à-dire, une transpiration abondante, une évacuation très-considérable par les urines.

G ij

1776. Déc.	

L'écoulement de la gonorrhée qui a *d'abord* coulé très-abondamment & beaucoup plus verdâtre qu'avant d'entrer dans la falle, n'eſt aujourd'hui preſque rien *(a)*.

(a) Cette obſervation, celle du 21 & les ſuivantes, juſtifient ce qu'on a dit dans la précédente note. On ne peut aſſeoir aucun jugement certain ſur des remèdes équivoques. Le malade paroiſſoit *à la fin de ſa maladie*, & cependant il a éprouvé le 15, le 18 & le 21 tous les effets progreſſifs & périodiques du remède; d'autres ſymptômes ſe ſont ſignalés le 27, & ce n'eſt qu'après avoir ſubi un traitement de vingt-cinq jours qu'il s'eſt trouvé guéri. Il avoit déjà paſſé deux fois par les grands remèdes; ſon mal engourdi, pour ainſi dire, faiſoit croire qu'il étoit diſparu par les remèdes inſuffiſans qu'on lui avoit donnés; mais il eſt évident que ſans l'eau de ſalubrité qui l'a développé pour le détruire, ce malade auroit été obligé de revenir à l'hôpital pour ſe faire traiter une quatrième fois.

19.
20.
21.
} Même traitement, avec un bain le 20.

OBSERVATION du 21.

Le malade nous paroît approcher de plus en plus de ſa guériſon.

22.
23.
} Même traitement ſans bain.

24.
25.
26.
27.
} Trois doſes d'eau de ſalubrité, avec l'addition le 27 de la tiſane ſudorifique.

OBSERVATION du 27.

La gonorrhée paroît vouloir recouler de nouveau. Le malade a déclaré ne reſſentir preſque plus de douleurs dans le canal, dont il avoit négligé de ſe plaindre *en entrant au traitement* (b).

(b) Voilà comme les perſonnes les plus inſtruites, peuvent encore être trompées. Les apparences extérieures avoient fait juger que ce malade étoit *à la fin de ſa maladie*. Il avoit caché ce qui pouvoit faire décider qu'il étoit au contraire encore au commencement.

28.
29.
30.
} Même traitement.

31. Deux doſes du remède.

SUITE du N.º 8.

1777. *Janv.*	
1.ᵉʳ	Une dofe & une purgation avec deux grains de jalap.
2.	L'eau de falubrité fufpendue pour fonder l'état du malade, qui étoit cependant *à la fin de fa maladie.* On continue les boifforis.
3.	*Idem.*
4.	Purgation avec un gros de rhubarbe contufée, un gros de follicules de féné, deux onces de manne, deux gros de fel de Glauber, deux gros de canelle *(a)*.
5.	Les boiffons.

OBSERVATION.

6.	Les fymptômes font entièrement difparus. Le malade eft paffé aux Convalefcens.
8.	Il rejoint fon Régiment.

Vingt-cinq jours de traitement.

(a) Cette médecine ne fe trouve point dans la formule qui précède cette Analyfe; elle n'en eft pas moins bonne : & de même qu'il n'eft pas toujours de néceffité rigoureufe de purger le malade, de même il eft des cas où l'on peut changer le mode des purgations. Mais il n'appartient qu'aux perfonnes de l'art de s'écarter des formules prefcrites. Les malades qui voudroient fe traiter eux-mêmes, ou qui fe livreroient à ces prétendus *guériffeurs* que l'on trouve par-tout, & qui mêlent toujours leur doctrine à celle des autres, pourroient avoir lieu de fe repentir d'avoir fait des changemens arbitraires dans les purgations que l'on a indiquées.

RÉGIMENT DAUPHIN, ⎱ ... *ALEGRE*, ... *Fuſilier* ... *25 ans.*
Compagnie de Reilhac. ⎰

1776. Déc.	
6.	Entré à l'Hôpital.

SYMPTÔMES.

Des porreaux depuis huit mois, des douleurs de reins.

| 12. | Remis au ſieur de Marbeck. |

TRAITEMENT.

| 13. | La boiſſon acidulée; l'eau de ſalubrité le ſoir, à ¾ de doſe. |
| 14. 15. | Deux doſes entières, & la tiſane nitrée. |

Les urines & la tranſpiration abondantes.

| 16. 17. 18. | Même traitement, avec la limonade dès le 17 & un bain le 18. |

C'eſt le jour de l'éruption critique.

OBSERVATION.

Les porreaux & les douleurs de reins ſont conſidérablement diminués.

1776. Déc.	
19. 20. 21.	Même traitement, avec un bain le 21.

OBSERVATION.

Le malade paroît guéri ; les porreaux ont difparu.

| 22. 23. 24. 25. 26. | Même traitement, avec un bain le 26. |

OBSERVATION.

Démangeaifon confidérable au fcrotum, ce qui annonce que le malade avance vers fa guérifon.

| 27. 28. | Trois dofes, avec la tifane fudorifique ajoutée. |

OBSERVATION.

Il eft furvenu trois porreaux fur le gland, dans des endroits différens que ceux qui y étoient auparavant (a).

29.	Un gros de rhubarbe en bols, & les boiffons.
30.	Trois dofes du remède, les boiffons & un bain.
31.	Deux dofes.

(a) La renaiffance de ces trois porreaux, après la difparition de ceux qu'avoit le malade, fait connoître, de plus en plus, qu'il ne faut pas s'étonner, dans ce traitement, de tous les nouveaux fymptômes qui peuvent fe fignaler; fon effet eft d'en produire d'inattendus, ou d'augmenter la févérité de ceux qui exiftent.

1777. *Janv.*	
1.ᵉʳ 2. 3.	Trois dofes du remède, les boiffons & un bain le 3.
4. 5.	*Idem*, fans bain.
6.	Les boiffons fans le remède.
7. 8.	Une dofe & les boiffons.
9. 10. 11. 12.	Deux dofes, les boiffons avec un bain le 10.

OBSERVATION.

Les fymptômes font difparus, fauf l'impreffion d'une brûlure que le malade s'étoit faite lui-même autrefois avec du précipité rouge, pour faire tomber les trois porreaux avec lefquels il eft entré à l'Hôpital *(a)*. Il a paffé aux Convalefcens.

Trente-un jours de traitement.

(a) Cette remarque paroîtroit inutile, parce qu'aucun remède ne peut faire difparoître les impreffions d'une brûlure : mais c'étoit ici une expérience; & les Officiers de fanté ont dû obferver tout avec la plus grande exactitude.

N.º 10.

RÉGIMENT D'ANJOU, ⎱ ... ⎰ ORGELAI, dit Mezieu, Fusilier,
Compagnie de la Serre. ⎰   ⎱ 24 ans.

1776. Déc.	
1.ᵉʳ	Entré à l'Hôpital.

SYMPTÔMES.

UNE gonorrhée simple pour laquelle il a passé deux fois par les grands remèdes.

OBSERVATION.

Est à la fin de sa maladie, au moyen du traitement qui lui a été fait à l'Hôpital depuis son entrée *(a)*.

| 12. | Remis au sieur de Marbeck. |

TRAITEMENT.

13.	La boisson acidulée.
14.	Deux doses du remède, la boisson &
15.	la tisane sudorifique.
	Les urines & la transpiration abondantes.
16.	
17.	Même traitement.
18.	

(a) Les réflexions qu'on a faites sur le n.º *8*, reviennent ici tout naturellement. Un homme qui a passé deux fois par les grands remèdes pour une gonorrhée simple, & qui l'a conservée, a certainement la vérole. Mais il paroît par le procès-verbal des symptômes, que ce malade ne s'étoit présenté à l'Hôpital que pour sa gonorrhée, & qu'il n'avoit point déclaré qu'il avoit inutilement passé deux fois par les grands remèdes. Les Officiers de santé, trompés, ne l'avoient traité que pour sa maladie apparente, & les remèdes qu'ils lui avoient donnés, en avoient adouci les symptômes : ils auroient même pu disparoître tout-à-fait à l'extérieur ; mais les effets de l'eau de salubrité vont démontrer que ce n'eût été là qu'une illusion.

H

1776.
Déc.

OBSERVATION.

Le malade a eu l'éruption milliaire, *quoiqu'il ait passé deux fois les remèdes pour sa gonorrhée* (a).

(a) Voilà donc la preuve qu'il avoit réellement la vérole. Elle s'est dissipée par cette éruption *critique*, & causée par un virus ancien circulant dans les humeurs, comme les Officiers de santé l'ont remarqué.

19.
20.
21.

} Même traitement, avec un bain le 20.

22.
23.
24.

} Même traitement, avec un bain le 22 & le 23.

OBSERVATION.

Les symptômes sont entièrement détruits; & le malade guéri, est passé aux Convalescens *(b)*.

(b) L'Auteur du remède n'a pu dissimuler une crainte que lui a inspiré ce traitement. La disparition des symptômes, pour assurer la guérison, doit être suivie de l'usage du remède encore pendant quelque temps; les raisons en sont expliquées dans les premières remarques qui précèdent cette Analyse. Et s'il n'avoit pas autant de confiance dans les lumières des Officiers de santé qui ont jugé que le malade étoit guéri, il appréhenderoit que sa maladie ne se manifestât de nouveau. La prudence exigera toujours que l'on continue le remède.

1777.
Janv.

1.er Renvoyé.

N.º 11.

RÉGIM.ᵗ DE PENTHIÈVRE, } ... { OUVREUR, dit Chinon, Fusilier,
Compagnie de Cudel. } { 19 ans.

1776. Déc.	
6.	Entré à l'Hôpital.

SYMPTÔMES.

CHAUDEPISSE cordée.

Le malade se trouve mieux par le traitement qu'on lui a fait, qui a consisté dans les remèdes généraux, antiphlogistiques, &c.

Il lui reste cependant encore de la douleur dans l'érection, & de la cuisson dans la déjection des urines.

| 12. | Remis au sieur de Marbeck. |

TRAITEMENT.

13.	La boisson acidulée.
14.	Deux doses d'eau de salubrité, & la
15.	tisane nitrée.

Les urines & la transpiration abondantes.

16.	
17.	Même traitement.
18.	

C'est-là l'époque de l'éruption milliaire.

H ij

SUITE du N.° 11.

1776. Déc.	
	OBSERVATION. La gonorrhée ne coule plus ; le malade ne reffent plus de douleurs.
19. 20. 21. }	Même traitement.
	OBSERVATION. Le malade eft guéri ; il ne lui refte que quelques douleurs en urinant.
22. 23. 24. }	Même traitement, avec un bain le 22.
25.	*Les fymptômes étant difparus, le malade eft paffé aux Convalefcens* (a).

(a) Tout ce qui a été remarqué fur les n.ºs 8 & 10, revient encore ici. Il eft évident, par les effets progreffifs du remède, le 15, le 18 & le 21, que ce malade avoit la vérole, quoique les fymptômes locaux fuffent diminués par le traitement qu'on lui avoit déjà fait. Peut-être auroit-il fallu continuer le remède quelques jours de plus.

RÉGIM.ᵀ DE LA REINE, } ... JOLY, *dit* la Terreur, *Fuſilier*, 22 ans.
Compagnie de Leconte.

1776. Déc.	
3.	Entré à l'Hôpital.

SYMPTÔMES.

PLUSIEURS chancres malins qui ont rongé une partie du gland. Et mortification du prépuce qu'il a fallu emporter (a).

12.	Remis au ſieur de Marbeck.

TRAITEMENT.

13.	La boiſſon acidulée.
14. 15. }	Deux doſes d'eau de ſalubrité, & la tiſane nitrée.

Ce malade urine & tranſpire abondamment.

| 16. 17. 18. } | Même traitement avec la limonade. |

Il a ſubi comme les autres, l'éruption milliaire, qui eſt l'effet aſſez ordinaire du remède (b).

(a) Les remèdes ordinaires exigent ſouvent, pour préliminaires, que l'on faſſe ces ſortes d'amputations; elles ſont cruelles. Si celle-ci n'eût pas été faite, on l'auroit évitée à ce malheureux. Le n.º 3 étoit dans le même cas & pour la même cauſe; on a vu qu'il n'en a pas été moins guéri radicalement. Une des propriétés les plus intéreſſantes de l'eau de ſalubrité, eſt de guérir ces accidens locaux ſans en venir à des opérations chirurgicales, toujours douloureuſes & ſouvent funeſtes.

(b) On eſt fâché de n'avoir pas trouvé ici la même exactitude que celle qui règne généralement dans le procès-verbal. Mais ce malade, ainſi que les autres, a dû éprouver un changement notable le 18; il en a dû éprouver un autre le 21; mais ce n'eſt qu'au 24 qu'on a parlé de ſa plaie: & l'omiſſion, par rapport aux chancres malins qui lui rongeoient le gland, eſt entière dans tout le cours du traitement. L'eſſentiel, au reſte, eſt qu'il ſoit conſtaté que le malade eſt ſorti parfaitement guéri; ſon traitement a été de vingt-cinq jours.

1776. Déc.	
19.	
20.	
21.	} Même traitement.
22.	
23.	
24.	Trois doses du remède.

OBSERVATION.

La plaie est très-vermeille. Les points de germination qui s'y trouvent, annoncent, sous peu de temps, une parfaite guérison *(a)*.

(a) Cette observation justifie la note précédente. La plaie, causée par l'amputation, n'avoit pu prendre ce caractère favorable, que graduellement.

25.	
26.	
27.	} Même traitement, avec un bain le
28.	25, le 27 & le 29.
29.	
30.	
31.	Deux doses.
1777. Janv.	
1.er	
2.	
3.	} Même traitement, avec un bain le 3.
4.	
5.	
6.	*Le malade est passé aux Convalescens.*
16.	Parti pour son régiment.

RÉGIM.ᵀ DE LA REINE, } ... { *RAY, dit* Printemps, *Grenadier,*
Compagnie de Montbrays.   **27 ans.**

1776.
Déc.

12.   Entré à l'Hôpital.

SYMPTÔMES.

UNE gonorrhée de trois semaines.
Elle n'a point été traitée.
Eſt tombée dans les bourſes depuis
    huit jours, du côté gauche.
Pluſieurs chancres ſur le bord du
    prépuce, & qui empêchent le
    malade de décalotter.
Il a des engorgemens dans les
    glandes inguinales *(a).*

(a) Ce ſont les glandes des aines : ce malade avoit de plus un engorgement conſidérable dans l'épidydyme. Le procès-verbal des ſymptômes n'en parle pas ; mais cette omiſſion a été réparée par celui du traitement.

12.   Remis au ſieur de Marbeck.

TRAITEMENT.

13.   La boiſſon acidulée ; ¾ de doſe du
       remède.

14.   } Deux doſes complètes du remède, la
15.   } boiſſon acidulée & la tiſane de buis
       jointe.

       Le malade urine & tranſpire abon-

16.   *damment.*

17.   } Même traitement.
18.   }

       L'éruption milliaire.

64

SUITE du N.º 13.

1776. *Déc.*	
19. 20. 21.	Même traitement, avec un bain le 20 & le 21 *(a)*.
22. 23.	Même traitement.
24.	Trois doses.

(a) Le procès-verbal du traitement n'a point fait mention, ni au 15, ni au 18, ni même au 21, des variations que le malade a dû éprouver dans son état local. On voit par l'observation du 24, qu'il a dû y en avoir de sensibles, puisque l'on dit, ce jour-là, que *l'engorgement est presque disparu, qu'il n'y a plus de phimosis,* & que *les bourses reprennent leur état naturel.* Ces effets n'ont pu s'opérer que successivement, & aux jours marqués pour les autres.

OBSERVATION du 24.

L'engorgement a presque disparu; il n'y a plus de phimosis. Les bourses semblent reprendre leur état naturel.

25. 26. 27. 28. 29.	Même traitement, avec un bain le 27, le 28 & le 29.
30.	Quatre doses.
31.	Deux doses.
1777. *Janv.*	
1.er 2. 3.	Même traitement.

SUITE

1777. *Janv.*	Il est survenu au malade des chancres aphteux dans la bouche & aux gencives, du côté droit, qui occasionnent de la douleur, de l'inflammation & une légère salivation (a).
4.	Deux doses, les boissons & le bain.
5. 6. 7.	Même traitement.
	OBSERVATION. Le gonflement du testicule est entièrement passé ; celui de l'épididyme est presqu'à sa fin. La gonorrhée coule abondamment. Les aphtes & la salivation ont entièrement disparu.
8. 9.	Même traitement.
10.	Purgation avec vingt grains de jalap, une dose d'eau de salubrité.
11.	Deux doses.
12.	Trois doses.
13. 14. 15.	Deux doses, avec un bain.
16. 17.	Trois doses, les boissons & l'eau minérale.

(a) Ceci exige une note essentielle. On pourroit croire que l'eau de salubrité excite la salivation ; il n'en est rien. Il se peut cependant qu'elle l'excite lorsque les gencives du malade sont fortement attaquées du scorbut ; & celui-ci étoit dans ce cas. Mais cette salivation, qui n'est plutôt qu'un crachotement, est si légère, qu'il n'en peut jamais résulter d'accident ; elle n'oblige tout au plus qu'à diminuer les doses du remède, & point à le discontinuer. Aussi voit-on que les Officiers de santé, quoique ce remède fût nouveau pour eux, ont très-bien jugé qu'ils ne devoient pas le faire suspendre : cette circonstance, en prouvant la sagacité de leurs observations, sert aussi d'instruction aux personnes de l'Art, sur la manière de se conduire dans ces sortes de cas.

I

SUITE du N.º 13.

1777. Janv.	
18. 19. 20. 21. 22. 23.	Même traitement, & la décoction aſtringente, un bain le 22 & le 23.
24.	Point d'eau de ſalubrité ; tout le ſurplus.

OBSERVATION.

L'engorgement de l'épidydyme & les autres ſymptômes, ſont entièrement diſſipés *(a)* ; il ne reſte qu'un léger écoulement.

| 25. 26. | Idem. |
| 27. | Guéri. |

OBSERVATION.

Il lui reſte ſeulement ſur le prépuce une petite élévation rougeâtre, qui eſt naturelle *(b)*.

(a) Les frictions ni les autres remèdes connus, ne diſſipent preſque jamais l'engorgement de l'épidydyme, & la diſparition totale de ce ſymptôme, eſt une des obſervations les plus intéreſſantes que l'on doive au zèle & à l'impartialité des Officiers de ſanté de l'hôpital de Lille.

(b) On ne répétera point ici juſqu'à quel point les Officiers de ſanté ont porté l'exactitude. Cette obſervation, que l'*élévation rougeâtre* étoit naturelle, en eſt une nouvelle preuve.

Régim.ᵗ de Penthièvre, } ... PRAT, dit Vivarais, Chasseur.
Compagnie d'Argenvilliers. }

1776. Déc.	SYMPTÔMES.
	CHANCRES récens entre le gland & le prépuce.
12.	Entré à l'Hôpital, & remis au sieur de Marbeck.
	TRAITEMENT.
13.	La boisson acidulée, le remède le soir à ¼ de dose.
14.	Deux doses complètes, & la tisane nitrée.
15.	Idem, & la tisane de buis ajoutée. Le malade urine & transpire abondamment.
16. 17. 18.	Même traitement. L'éruption milliaire.
	OBSERVATION.
	Les chancres ont entièrement disparu.
19. 20. 21.	Même traitement, avec un bain le 21.

SUITE du N.º 14.

1776. Déc.	OBSERVATION. La guérison des chancres se confirme de plus en plus.
22. 23.	Même traitement sans bain.
24. 25. 26. 27. 28.	Trois doses du remède, & le bain le 24 & le 26.
29. 30.	Quatre doses.
	OBSERVATION. Il est guéri, & passe aux Convalescens.
31.	Il part.

RÉGIM.ᵀ DE PENTHIÈVRE, ⎫...⎧ *POUSART, dit* la Joie, *Chaſſeur,*
Compagnie d'Argenvilliers. ⎭   ⎩ 25 ans.

SYMPTÔMES.

PUSTULES & crêtes-de-coq au fondement; carnoſités au prépuce, qui ſont le réſultat d'un chancre que le malade a brûlé il y a neuf mois; douleurs nocturnes dans les membres.

1776. Déc.	
12.	Entré à l'Hôpital, & remis au ſieur de Marbeck.

TRAITEMENT.

13.	La boiſſon acidulée.
14. 15.	Deux doſes d'eau de ſalubrité, & la décoction de buis.
16.	*Le malade urine & tranſpire abon-damment.*
17.	Même traitement.
18.	*L'éruption milliaire.*

OBSERVATION.

Les crêtes-de-coq ſont diminuées, au point qu'il ne ſent plus de douleur; il en ſouffroit conſidérablement le premier jour du remède. Le cercle puſtuleux qui entouroit l'anus, eſt entièrement diſparu.

19. 20. 21.	Même traitement.

SUITE *du* N.º 15.

1776. Déc.	*OBSERVATION.* Ne reffent plus de douleurs; fes crêtes-de-coq font fort diminuées.
22. 23. 24. 25. 26. 27. 28.	Même traitement, avec un bain les quatre premiers jours.
29. 30.	Quatre dofes & les boiffons.
31.	Deux dofes, les boiffons, un bain.
	OBSERVATION du 30. Les crêtes-de-coq ont entièrement difparu; mais il eft furvenu au malade une douleur interne à la cuiffe gauche.
1777. Janv.	
1.er 2.	Même traitement fans bain.
	OBSERVATION. La douleur interne eft diminuée; il lui eft revenu deux crêtes-de-coq au fondement.
3. 4. 5. 6.	Même traitement.
7.	Trois dofes.

1777. *Janv.*	**OBSERVATION.** On a trouvé les deux crêtes-de-coq coupées & brûlées avec un cauftique; ce qui les a rendues plus dures. Le malade a déclaré qu'il l'avoit fait lui-même avec des cifeaux & du vitriol.
8. 9. 10.	Même traitement.
	OBSERVATION. Ce jour-là, les crêtes-de-coq ont été coupées & brûlées avec la pierre infernale, par un domeftique à qui l'entrée de la Salle a été interdite.
11. 12. 13.	Même traitement.
	OBSERVATION. Les fymptômes ont difparu. Il refte au malade une impreffion du chancre qu'il avoit brûlé il y a trois mois; elle pourroit bien lui refter toujours *(a)*. Il lui refte auffi au fondement la racine de la crête qui a été mal coupée, & qu'on fe propofe d'enlever tout-à-fait. Jugé guéri, il paffe aux Convalefcens.
15.	Il part.

(a) Cela doit être. Les brûlures laiffent toujours des marques qu'elles ont exifté.

RÉGIM.ᵀ DE LA REINE, ⎱ ... *JOSEPH LEMOINE, Caporal, 25 ans.*
Compagnie Colonelle. ⎰

1776. Déc.	
	SYMPTÔMES.
	GONORRHÉE *qu'il a prise il y a six semaines* (a).
13.	Entré à l'Hôpital, & remis au sieur de Marbeck.
	TRAITEMENT.
14.	Deux doses d'eau de salubrité, la
15.	tisane nitrée.
	Le malade urine & transpire abondamment.
16.	Même traitement, avec la limonade
17.	dès le 17.
18.	**OBSERVATION.**
19.	La gonorrhée coule peu, la matière file.
20.	Même traitement.
21.	
22.	
23.	*Idem,* avec le bain le 23 & le 24.
24.	
25.	
26.	Trois doses, un bain le 27.
27.	
28.	
29.	La limonade, & point d'eau de
30.	salubrité.
31.	Le malade passe aux Convales- cens (b).
1777. Janv.	
1.ᵉʳ	Parti pour son régiment.

(a) Le traitement de ce Soldat, ainsi que celui du n.° *17,* n'a commencé que le 14. Il se pourroit donc que l'effet du remède qui est si constant sur les quinze premiers, fût retardé d'un jour; mais il a été le même, & cela devoit être, parce que ces quinze premiers malades n'ont en général pris le remède que le 14. On leur avoit seulement donné le 13 de la boisson acidulée, & à quelques-uns une légère dose du remède le soir.

(b) Ce malade, admis au traitement dans le moment même qu'il arrive, justifie tout ce qu'on a dit des inconvéniens de la saignée. Il a été guéri aussi promptement que le traitement des malades saignés a été long; cependant on auroit souhaité, pour plus de certitude de sa guérison radicale, qu'il eût continué l'usage du remède un peu plus long-temps.

N.° 17.

RÉGIM.ᵀ DE LA REINE, } ...VICTOR, ...Fuſilier.
Compagnie Colonelle. }

1776. Déc.	SYMPTÔMES.
	GONORRHÉE & phimoſis qu'il a pris il y a environ un mois, ſans douleurs & même ſans écoulement.
13.	Entré à l'Hôpital, & remis au ſieur de Marbeck.

TRAITEMENT.

14. 15.	Deux doſes d'eau de ſalubrité, la tiſane nitrée.
16.	*Urines & tranſpiration abondantes.*
17.	Même traitement.
18.	C'étoit le jour de l'éruption milliaire ; elle a été retardée pour ce malade juſqu'au 24 *(a)*. Mais le procès-verbal ne conſtate au 18 aucun changement dans l'état local du malade ; & il y en a eu, ainſi qu'on va le voir.
19. 20.	Même traitement.
21.	OBSERVATION. Le malade, *pendant ſon traitement*, a reſſenti des douleurs qui ont diſparu ; ſes phimoſis commencent auſſi à diſparoître.
22. 23. 24.	Même traitement, avec un bain le 22 & le 23.

(a) Ce retard n'a point empêché le malade d'éprouver un changement notable dans ſon état ; il étoit occulte, & les Officiers de ſanté n'ont pu en faire de remarque tant que le malade n'en avoit pas parlé. Ce n'eſt que le 21 qu'il a déclaré *qu'il avoit reſſenti des douleurs* pendant ſon traitement ; or, il y avoit été admis ſans douleurs. Le remède a donc fait auſſi ſur lui le même effet que ſur les autres.

K

1776. Déc.	
	OBSERVATION. Le malade a une éruption milliaire très-confidérable aux cuiffes & aux feffes ; ce qui excite une démangeaifon incommode.
25. 26. 27. 28.	Trois dofes & bain le 25, le 27 & le 28.
	OBSERVATION. L'éruption, après s'être étendue fur tout le corps, s'eft totalement diffipée.
29. 30. 31.	*Idem*, fans bain. Le malade paffe aux Convalefcens. Il part *(a)*.

(a) On a déja remarqué que pour affermir la guérifon, il falloit continuer l'ufage du remède après la difparition des fymptômes. L'Auteur du remède auroit fouhaité qu'on eût obfervé cette règle par rapport à ce Soldat.

RÉGIMENT DE FLANDRE, } ... COSTIER, Fuſilier...... *19 ans.*
Compagnie Colonelle.

1776. Déc.	SYMPTÔMES.
	GONORRHÉE qu'il a priſe il y a un mois. Phimoſis occaſionnés par l'acrimonie de l'écoulement.
15.	Entré à l'Hôpital, & remis au ſieur de Marbeck.

TRAITEMENT.

16. 17. 18. 19. 20. 21. 22. 23. 24. 25. 26. 27. 28. 29. 30. 31.	Deux doſes d'eau de ſalubrité, la boiſſon ordinaire & la décoction ſudorifique de buis, avec un bain le 24, le 26, le 28 *(a).*
1777. Janv.	
1.ᵉʳ	Même traitement.

(a) Ce malade n'a été admis au traitement que le 16 décembre : le procès-verbal a omis de parler, pendant quinze jours, des effets du remède. Ce n'eſt que le 1.ᵉʳ janvier qu'il obſerve que les phimoſis ſont entièrement paſſés. Ils provenoient de l'*acrimonie* de l'écoulement, & l'on conçoit qu'il avoit dû ſe faire depuis avec moins d'âcreté, & que par conſéquent le malade avoit éprouvé les mêmes révolutions que les autres.

K ij

1777. Janv.	OBSERVATION. Les phimosis sont entièrement passés.
2.	Même traitement.
	OBSERVATION. Il se manifeste à la racine du prépuce, près du gland, un chancre très-calleux & de sa grandeur de trois lignes *(a)*.
3. 4.	Deux doses, avec un bain le 4.
5. 6. 7. 8.	Trois doses, avec un bain le 8.
	OBSERVATION. La callosité suppure dans deux points de son étendue, & paroît par ce moyen se ramollir.
9.	Deux doses, un bain.
10. 11. 12. 13. 14. 15. 16. 17. 18. 19. 20. 21. 22. 23.	Trois doses, avec un bain chaque jour, excepté le 14, le 20, le 21, le 22 & le 23.

(a) Cela prouve combien cette vérole étoit déja invétérée.

1777. Janv.	
24.	Point d'eau de falubrité.

OBSERVATION.

(a) Et il en doit refter à caufe de la cicatrifation des deux plaies.

Il refte encore des callofités *(a)*.

Tous les fymptômes ont difparu.

Le malade, jugé guéri, paffe aux Convaléfcens.

| 27. | Il part pour fon régiment. |

Quarante jours de traitement.

RÉGIMENT DAUPHIN, } ... *DUPUIS*, ... *Fuſilier*. ... *28 ans.*
Compagnie de Poucy. }

1776.
Nov.

15. Entré à l'Hôpital.

SYMPTÔMES.

IL eſt venu pour un mal de gorge &
un enrouement chronique, ſans fièvre.

Il a craché pluſieurs fois du ſang.

On la traité; il a réſiſté aux remèdes
d'uſage.

Interrogé ſur ſes maladies précédentes, il a déclaré:

1.° *Qu'il avoit gagné, il y a dix ans,*
pluſieurs chancres ſur le gland & le
prépuce.

2.° *Que ces chancres n'ont jamais été*
traités méthodiquement.

3.° *Qu'il s'eſt contenté de les brûler*
avec le vitriol.

Le procès - verbal ajoute: *Les*
Officiers de ſanté ſont d'opinion que
la répercuſſion du virus s'eſt portée
ſur la gorge, ſur les organes de la
reſpiration, & qu'elle s'eſt même
étendue profondément ſur les lombes,
où le malade reſſent des laſſitudes
incommodes & nocturnes (a).

(a) Ces obſervations font voir juſqu'à
quel point le virus vénérien peut faire
illuſion aux perſonnes de l'art les plus
inſtruites. Il en naît des maladies dont on
ne ſoupçonne point qu'il eſt la cauſe; &
les Médecins, trompés par le ſilence des
malades, ſont accuſés de ne ſavoir pas les
guérir. On ne peut trop recommander aux
malades d'avoir de la bonne foi, ni trop
exciter les gens de l'art à les queſtionner,
pour les forcer à convenir de ce qu'ils
voudroient cacher.

1776. Déc.	
15.	Remis au fieur de Marbeck.

TRAITEMENT.

16. 17. 18.	Deux dofes d'eau de falubrité, la boiffon ordinaire & la décoction fudorifique de buis.
19. 20.	*La tranfpiration.* Même traitement.
21.	OBSERVATION. Le malade fe trouve beaucoup mieux de fon mal de gorge.
22. 23. 24. 25.	*Idem*, avec la limonade, la décoction de buis fupprimée.
26. 27. 28. 29. 30.	Trois dofes du reméde.
	OBSERVATION. Il paroît fur le dos du malade une éruption puftuleufe.
31. & 1.er *Jan.* 1777.	Deux dofes.

SUITE *du* N.° 19.

1777. Janv.	
	OBSERVATION.
	Le malade fent des douleurs vives à l'épaule droite.
2.	Deux dofes.
3. 4.	Point d'eau de falubrité.
5. 6.	Deux dofes.
7. 8.	Trois dofes.
	OBSERVATION.
	Le malade ne crache plus de fang.
9. 10. 11.	*Idem*, La décoction de buis eft ajoutée.
12.	Purgation avec vingt grains de jalap; une dofe du remède.
13. 14. 15. 16. 17. 18. 19.	Trois dofes; l'eau minérale ajoutée; un bain le 19.
20.	Point d'eau de falubrité.

SUITE

1777. Janv.	
	OBSERVATION.

Le malade n'a plus aperçu de crachats teints de fang; mais il a eu quelques reffentimens de douleurs dans les lombes. |
| 21.
22.
23.
24.
25.
26. | De l'eau minérale, de la panade, un bain. |
| | *OBSERVATION.*

Guéri. Il lui refte fon enrouement; mais il peut provenir de l'affoibliffement des organes de la refpiration, caufé par le virus, ou d'une caufe étrangère à cette maladie *(a)*.

Quarante-deux jours de traitement. Ce malade s'eft trouvé guéri tout à la fois de la vérole & d'une maladie de poitrine qui en étoit la fuite. Il feroit difficile de s'imaginer que d'autres remèdes euffent eu la même efficacité. |

(a) Le malade s'étoit trouvé très-expofé dans un incendie à Rouen, & il y avoit beaucoup fouffert de la poitrine par la fumée enflammée qu'il avoit refpirée.

L

N.º 20.

RÉGIMENT DE FLANDRE, *Compagnie de Montpellier.* $\Big\}$ ... $\Big\{$ *LEROUX, dit* la Fortune, *Fuſilier,* 24 *ans.*

1776. Déc.	
2.	Entré à l'Hôpital.

SYMPTÔMES.

IL eſt venu pour être traité de la jauniſſe.

Il a déclaré à la ſuite de ce traitement :

1.º *Qu'il avoit eu, il y a trois ans & demi, un bubon vénérien du côté gauche.*

2.º *Une gonorrhée il y a deux ans.*

3.º *Qu'il reſſentoit des douleurs dans tous les membres.*

4.º *Qu'on ne lui avoit fait aucun traitement méthodique.*

| 18. | Remis au ſieur de Marbeck. |

TRAITEMENT.

19. 20. 21. 22. 23. 24.	$\Big\}$ Trois doſes du remède, la tiſane de buis ajoutée à la boiſſon.
25. 26.	$\Big\}$ Trois doſes.

SUITE du N.° 20.

1776. **Déc.**	*OBSERVATION.* Ses douleurs font confidérablement augmentées ; ce qui eft l'effet naturel de ce remède.
27. 28. 29.	Même traitement, avec un bain le 29.
	OBSERVATION. Les douleurs augmentent toujours.
30. 31.	Même traitement.
1777. **Janv.**	*OBSERVATION.* Les douleurs noĉturnes qu'il ref-fentoit dans tous les membres, diminuent.
2. 3.	Même traitement & un bain.
	OBSERVATION. Il lui eft furvenu dans l'intérieur du prépuce, des bubons chancreux avec inflammation.
4.	Une dofe.
5. 6. 7. 8. 9.	Trois dofes.
	OBSERVATION. Éruption milliaire avec démangeai-fon. Les boutons chancreux font prefque difparus.
10. 11. 12.	*Idem.*

L ij

SUITE du N.º 20.

1777. Janv.	
	OBSERVATION. Il ne reſſent plus de douleurs.
13. 14. 15. 16. 17. 18.	Idem.
19.	Plus d'eau de ſalubrité.
20.	Jugé guéri. Il paſſe aux Conva-leſcens.
28.	Il part pour ſon régiment.
	Trente-trois jours de traitement.

RÉGIMENT DAUPHIN, } ... { CHEVALIER, *dit* la Chapelle,
Compagnie Colonelle. } { *Fusilier, 20 ans.*

1776. Déc.	
15.	Entré à l'Hôpital.

SYMPTÔMES.

UNE *gonorrhée qui coule abondamment.* Il éprouve des cuissons très-vives en urinant.

Il a eu précédemment des chancres au couronnement du gland, qu'il a brûlés avec la pierre de vitriol.

Depuis ce temps, il a des douleurs dans les membres qui l'empêchent de dormir la nuit.

23.	Remis au sieur de Marbeck, qui n'a pu l'admettre au traitement que le 26, faute de place.

TRAITEMENT.

26.	Une dose & la boisson ordinaire.
27. 28.	} Deux doses.
29. 30.	} Trois doses.

SUITE *du* N.º 2 1.

1776. Déc.	
31.	
1777. Janv.	
1.er	
2.	Deux dofes.
3.	
4.	
5.	
6.	

OBSERVATION *du 6.*

Le malade eft paffé aux Conva-lefcens.

11.   Il joint fon régiment.

Douze jours de traitement. Les Officiers de fanté, en envoyant le malade aux Convalefcens, ont jugé qu'il étoit guéri. Il eût été à fouhaiter qu'ils euffent fait inférer au procès-verbal les obfervations qu'ils avoient faites fur l'effet progreffif du remède; & qu'ils l'euffent fait adminiftrer plus long-temps. On en a déjà expliqué les raifons.

RÉGIM.ᵀ DE PENTHIÈVRE,
Compagnie Colonelle. } ... *ROGER, Fuſilier,* ..... *21 ans.*

1776. Déc.	
22.	Entré à l'Hôpital.

SYMPTÔMES.

Un phimoſis ; des chancres ſur le gland & le prépuce.

Il a paſſé, il y a huit mois, par les grands remèdes à Rouen pour un bubon vénérien & une gonorrhée.

Il ſouffre actuellement des douleurs nocturnes qui l'empêchent abſolument de dormir.

23.	Remis au ſieur de Marbeck, qui, faute de place, n'a pu l'admettre au traitement que le 27.

TRAITEMENT.

27.	Boiſſon ordinaire.
28.	Deux doſes.
29. 30.	} Trois doſes.

OBSERVATION.

Le phimoſis eſt entièrement paſſé ; les chancres vont mieux.

1776. Déc.	
31.	Deux dofes.
1777. Janv.	
1.ᵉʳ	
2.	
3.	Même traitement, avec un bain le 2
4.	& le 3, & la tifane de buis.
5.	
6.	

OBSERVATION.

Les fymptômes font entièrement difparus; & le malade, jugé guéri, eft paffé aux Convalefcens.

10. Renvoyé.

Onze jours de traitement. On a lieu de craindre, comme au numéro précédent, que les fymptômes difparus, ne foient pas une preuve parfaitement fûre de la guérifon radicale : il eût été utile de continuer le remède, par les raifons qu'on a dites.

N.º 23.

ROYAL-NORMANDIE, } ... *JEAN MOITIÉ, Cavalier, 23 ans.*
Compagnie de Combaret. }

1776. Déc.	
22.	Entré à l'Hôpital.

SYMPTÔMES.

UNE gonorrhée depuis quatre mois, & qui a toujours coulé abondamment.

Il y a trois mois qu'il reſſent des douleurs dans les lombes & aux jarrets.

Et il y en a un qu'une dartre vive a paru ſur le côté gauche de la face ; elle s'eſt étendue juſqu'à la commiſſure des lèvres, du même côté, & a gagné le menton.

22.	Remis au ſieur de Marbeck, qui n'a pu, faute de place, le mettre au traitement que le 27.

TRAITEMENT.

27.	La boiſſon ordinaire.
28.	*Idem*, avec la décoction de buis.
29. 30.	Trois doſes d'eau de ſalubrité & le bain.

M

SUITE du N.° 2 3.

	OBSERVATION.
1776. *Déc.*	La dartre diminue en proportion d'une éruption milliaire, blanchâtre, qui fe manifefte fur tout le corps.
3 1.	
1777. *Janv.*	Deux dofes & un bain.
1.er	
2.	
3.	
4.	Trois dofes.
5.	
6.	OBSERVATION.
	La dartre eft confidérablement diminuée. Les douleurs nocturnes fubfiftent encore, mais avec moins de violence.
7.	
8.	Même traitement, un bain chaque jour.
9.	
10.	
11.	Même traitement.
	OBSERVATION.
	A encore de la douleur dans la cuiffe gauche, & la dartre fubfifte encore quoique moins vive.
12.	Même traitement.
13.	Une dofe du remède, la décoction de buis, & une purgation avec vingt grains de jalap.
14.	
15.	Trois dofes, & un bain le 14, le 16 & le 17, & l'eau minérale.
16.	
17.	
18.	

1777. Janv.	
19. 20.	Trois doſes, l'eau minérale & celle de buis.
21.	Purgation avec vingt grains de jalap. Une doſe du remède.
22. 23.	Trois doſes & les boiſſons.
24.	Les boiſſons ſans le remède.

(a) L'Auteur du remède n'a pu ſe perſuader qu'il ne fallût pas encore en continuer l'uſage. Cette *dureté* n'étoit autre choſe qu'un reſte de la dartre qui n'étoit pas diſſipé : il ne ſeroit donc point ſurprenant qu'elle reparût. La diſparition entière des ſymptômes ne doit pas même empêcher que l'on ne continue le remède encore quelque temps : à plus forte raiſon doit-on le continuer quand ils ne ſont pas complètement diſſipés. Huit ou dix jours de plus n'auroient point laiſſé de doute ſur la guériſon de ce malade, qui paroît avoir été trop promptement atteſtée.

OBSERVATION.

Tous les ſymptômes ſont diſparus. Il lui reſte encore un peu de dureté du côté du menton, & la tache rouge de la dartre qu'il portoit.

Paſſé aux Convaleſcens *(a)*.

27. Parti.

Vingt-neuf jours de traitement.

OBSERVATIONS.

1º. On a vu que la doſe du remède étoit d'une demi-once.

Pour s'aſſurer qu'elle eſt juſte & éviter les à-peu-près, qui laiſſent de l'incertitude ſur la quantité, il faut avoir un petit gobelet de verre qui contienne une demi-once de la liqueur quand il eſt plein. Si l'on ne pouvoit en avoir qu'un plus grand, il faudroit peſer une demi-once du remède, l'y verſer, & marquer enſuite avec un diamant ou une pierre à fuſil, la hauteur où atteindroit la liqueur, ou coller à l'extérieur une petite bande de papier.

2º. Les boiſſons acceſſoires au remède, doivent être faites jour par jour; l'Apothicaire de l'hôpital de Lille y étoit très-exact.

3º. Il n'eſt pas moins intéreſſant que les alimens ſoient de bonne qualité. Les Entrepreneurs de l'hôpital, & le ſieur Burguière qui en étoit le Contrôleur, & les Officiers de ſanté, y apportoient la plus grande attention.

Nota. *Le sieur RICHARD, premier Médecin des Armées du Roi, & Inspecteur général des Hôpitaux militaires, connu par son zèle & par ses talens, avoit reçu, en 1776, ordre du Ministre de la guerre de vérifier par lui-même les effets de l'Eau de salubrité.*

Il se transporta aussitôt à Bicêtre, & y fit choix des malades vénériens les plus infectés; il les fit traiter chez lui & sous ses yeux, & les guérit radicalement.

Toujours prêt à saisir ce qui peut être utile à l'humanité, il dressa, avec toute l'exactitude que l'on devoit attendre d'un homme aussi éclairé, quatre Procès-verbaux des symptômes, de l'administration du remède, de ses progrès & de la guérison. Il les déposa ensuite au Bureau de la guerre.

C'est d'après ces Procès-verbaux, qui ont fait connoître plus particulièrement au Ministre les vertus de l'Eau de salubrité, que Sa Majesté, pour en constater encore davantage l'efficacité, a ordonné qu'on en fît à Lille une expérience plus en grand; ce qui a été exécuté avec le même succès, ainsi que le prouvent les Procès-verbaux dont Sa Majesté a permis qu'on imprimât l'Analyse à son Imprimerie royale.

F I N.

TABLE DES MATIÈRES

Contenues dans cette Analyse.

FIN de la Table des Matières.

34

www.ingramcontent.com/pod-product-compliance
Lightning Source LLC
Chambersburg PA
CBHW052054270326
41931CB00012B/2745